Michael Kürschner

Die Retriever

Aufzucht – Pflege – Haltung

Kosmos
Gesellschaft der Naturfreunde
Franckh'sche Verlagshandlung
Stuttgart

Mit 16 Farbfotos, davon 3 von Michael Kürschner und 11 von Eva-Maria Vogeler, sowie 2 historische Aufnahmen auf den Seiten 11 und 14. Diese stammen aus: „The Complete Labrador Retriever", von Helen Warwick (© 1965, 1964 by Howell Book House Inc., mit besonderer Erlaubnis des Verlages) und
8 Zeichnungen im Text von Eva Hohrath.

Umschlag von Edgar Dambacher unter Verwendung eines Dias von Eva-Maria Vogeler.

Fachtierärztliche Durchsicht: Dr. Schneider, München.

CIP-Kurztitelaufnahme der Deutschen Bibliothek:
Kürschner, Michael:
Die Retriever: Aufzucht, Pflege, Haltung / Michael
Kürschner. – Stuttgart: Franckh, 1980.
(Kosmos-Hundebibliothek)
ISBN 3-440-04798-9

Abb. 1. (Frontispiz). Drei Golden Retriever-Hündinnen.

Franckh'sche Verlagshandlung, W. Keller & Co., Stuttgart/1980

Printed in Italy/Imprimé en Italie/L 9mü Hgm/ISBN 3-440-04798-9
Satz: W. Kohlhammer GmbH, Stuttgart
Reproduktion, Druck und Buchbinder: Editoria S. N. C. di G. A. Benvenuto & Co., Trento/Italien

Die Retriever

Vorwort

Die Retriever stellen eine Gruppe englischer Jagdhunde dar und sind als solche wahre Spezialisten. Im Gegensatz zu den Vorstehhunden sind die Retriever nur für das Apportieren von geschossenem oder angeschossenem Wild gezüchtet worden, und gerade dieser angezüchteten Eigenschaft verdankt diese Rasse ihren Namen. Von dem englischen Verb „to retrieve", was soviel bedeutet wie zurückbringen, wiederfinden, ist er abgeleitet worden.
In Deutschland und dem benachbarten Ausland werden die Retriever relativ selten nur für die Jagd eingesetzt. Sie sind in steigendem Maße sehr beliebte Begleit- und Familienhunde geworden, die entsprechend ihrem Naturell aber auch zur Ausbildung herangezogen werden sollten. Man muß also nicht unbedingt ein Freund der Jagd sein, um sich die eine oder andere Retrieverform anzuschaffen. Umgekehrt ist es nur förderlich, wenn ein Retriever nicht nur seine Pflichten als Familienhund voll erfüllt, sondern auch ab und zu eine auf seine angeborenen Eigenschaften ausgerichtete Übung.
Jeder Retrieverschlag ist eine Rassepersönlichkeit für sich, die in bezug auf ihr Wesen, in der Haltung und Pflege eine besondere Berücksichtigung finden sollte. Sie sind ausdauernde, stark naturverbundene und wetterunempfindliche Hunde, die sich entsprechend ihrer Eigenschaften nicht als Haustiere für enge und kleine Wohnräume in Innenstädten eignen.
Mit diesem vorliegenden Buch soll jedem interessierten Hundefreund ein Leitfaden vorgelegt werden, der alle Retrieverschläge beschreibt und Auskünfte darüber erteilt, welche Anforderungen sie in bezug auf Unterbringung, Haltung, Pflege und Erziehung stellen. Natürlich kann im Rahmen dieses Buches nur das Wesentliche eine Erörterung finden, doch sollten mit Hilfe dieses Buches für die eine oder andere Retrieverform neue Freunde gefunden und mehr Verständnis für diese edlen Hunde geweckt werden, so hat dieses Buch sein Ziel schon weitestgehend erreicht.

Die Geschichte der Retriever

Für alle Retriever begann die züchterische Entwicklung im 19. Jahrhundert, und bis auf den Chesapeake Bay Retriever (USA) sind alle übrigen Formen in England entstanden. Schon vor vielen Jahrzehnten begannen sie ihren Siegeszug um die Welt, vor allem aber in Ländern, die ehemals englische Kolonien waren. Daher ist ihre zuchtbuchmäßige Erfassung schon in vielen Staaten der Welt eine alte Tradition.

Erst nach dem Zweiten Weltkrieg verbreiteten sich die Retriever verstärkt auf dem europäischen Kontinent. Es ist somit nicht verwunderlich, daß in Deutschland die zuchtbuchmäßige Erfassung erst ziemlich spät begann. Das älteste deutsche Retrieverzuchtbuch führt der Deutsche Retriever Club (DRC) seit 1963. Inzwischen werden die Retrieverschläge aber schon von zwei deutschen Klubs zuchtbuchmäßig geführt, und zwar im VDH (Verband für das Deutsche Hundewesen e. V.) durch den oben genannten DRC und im RVD (Rassehunde-Zuchtverband Deutschland e. V.) durch den Centralen Retriever Club (CRC), der sein Retrieverzuchtbuch seit 1973 führt.

Golden Retriever

Der Golden Retriever hat eine Entstehungsgeschichte, die sich heute nicht mehr genau klären läßt, daher bestehen viele Spekulationen unter den Kynologen und Züchtern. Man nimmt an, daß der Golden Retriever sich aus Kreuzungen alter russischer Treibhunde mit dem Tweed Water Spaniel und verschiedenen Retrieverformen entwickelt haben soll. Auch gelbe Bluthunde soll der englische Lord Tweedmouth eingekreuzt haben, der als *der* Züchter der Golden Retriever in die Geschichte einging.

Eine andere weitverbreitete Version geht auf alte Flat-coated Retrieverformen zurück, die mit dem Water Spaniel und dem Irish Setter gekreuzt wurden. In breiten Fachkreisen gilt jedoch die erste Version als die wahrscheinlichere Tatsache. Einig ist man sich nur darin, daß der Golden Retriever eine englische Hunderasse ist, die um die Mitte des 19. Jahrhunderts (1858 – 68) entstand. Erst Anfang

Abb. 2. Der Golden Retriever ist einer der meist verbreiteten Retrieverschläge. Hier ein Golden Retriever-Rüde.

des 20. Jahrhunderts wurde er 1913 vom englischen Kennel Club als Rasse voll anerkannt.
Heute ist der Golden Retriever einer der weitverbreitetsten Retrieverschläge, der vor allem in den USA, Kanada, England und den skandinavischen Ländern eine sehr große Beliebtheit erlangte. Von England, Holland und Dänemark wurden gute Zuchten auch nach Deutschland gebracht, wo sie nicht nur als Jagd-, sondern vor allem auch als Begleit- und Familienhunde viele neue Freunde fanden.

Eigenschaften

Die englischen Züchter haben es schon immer verstanden, gezielt auf den Zweck ausgerichtete Rassen zu züchten. Im Hinblick auf den Golden Retriever züchtete man einen hervorragenden, zuverlässigen und gut zu lenkenden Jagdhund, dessen Aufgabe das Apportieren von geschossenem Federwild wurde. Obendrein zeig-

Abb. 3. Ein Golden Retriever beim Schwimmen.

te sich, daß der Golden Retriever ein ausgezeichneter Schwimmer ist, der auch in Sumpfgebieten beim Apportieren sehr gut zu gebrauchen ist. Seine Unterwolle ist nicht nur sehr wasserdicht, sondern macht ihn auch bei sehr kaltem Wetter unempfindlich. Selbst bei eisigen Temperaturen bleibt er ein ausdauernder und aktiver Hund. Neben dem stark ausgeprägten Geruchssinn und dem gut entwickelten Gedächtnis hat er ein gelehriges und ruhiges Wesen, welches sich leicht dressieren läßt. Als Familienhund ist er ein überaus geduldiger, ruhiger und anhänglicher Haushund mit einer natürlichen Wachsamkeit.

Labrador Retriever

Wie sein Rassename verrät, stammt der Labrador Retriever aus dem kanadischen Labradorgebiet. Man vermutet jedoch, daß der Labrador, in seiner ursprünglichen Form, sich auf Neufundland

entwickelte, wo er auch „Kleiner Neufundländer“ oder „St. John's Hund“ genannt wurde. Wahrscheinlich wurde er auch häufig mit den ursprünglichen Neufundländern auf Neufundland gekreuzt.
Für die einheimischen Fischer war er unter anderem neben dem Neufundländer ein wichtiger Helfer bei der Fischerei. Der Neufundländer half beim Netzeeinholen, und der Labrador apportierte die aus den Netzen entschlüpften Fische. Zu dieser Zeit war der Labrador noch ein etwas schwerer, schwarzer und mittel- bis langhaariger Hund, der wohl mit sehr großer Wahrscheinlichkeit ein direkter Nachkomme des Neufundländers war.
Zwischen 1820 und 1830 wurden die ursprünglichen Labradortypen von Kabeljaufischern nach England gebracht, wo sie in der Grafschaft Dorset erstmals in Europa gezüchtet wurden. Viele Persönlichkeiten des englischen Lebens, wie z. B. der Graf von Malmesburry, der Graf von Home, der Herzog von Buccleuch und Lord Scott nahmen sich der Labradorzucht an und trugen zu einer

Abb. 4. Alte englische Zeichnung des ursprünglichen Labrador Retrievers, um 1825, auch St. John's Labrador oder Kleiner Neufundländer genannt.

raschen Verbreitung über ganz England bei, obwohl sich die Labradorzucht noch an die ursprüngliche Form hielt. Nach und nach versuchte man jedoch die Labradorhunde umzuzüchten, um vor allem einen Hund zu entwickeln, der nur darauf ausgerichtet werden sollte, das Wild zu apportieren. Die Labradorhunde wurden nun auch mit verschiedenen anderen Rassen gekreuzt, wobei der Pointer maßgeblich dazu beitrug, einen leichteren Labradorhund mit kürzerem Haarkleid zu schaffen, der sich obendrein auch noch zu einem ausgezeichneten Apportierhund entwickelte. Durch die intensive züchterische Selektion schuf man um die letzte Jahrhundertwende den Labrador Retriever, der dann 1903 offiziell als eigenständige Rasse anerkannt wurde. Heute ist der Labrador Retriever einer der populärsten Retrieverschläge, und dies nicht nur als Gebrauchshund, sondern auch als Familien- und Haushund, der auch auf großen internationalen Ausstellungen nicht mehr so selten vertreten ist.

Eigenschaften

Ursprünglich als reiner Jagdhund gedacht, zeigt er sich heute als sehr vielseitiger Gebrauchshund, der zu verschiedenen Aufgaben und in fast jedem Gelände zum Einsatz kommen kann. Die Polizei schätzt seinen hervorragend ausgeprägten Geruchssinn für die Fahndung nach Rauschgift, und dies nicht nur in den USA und England, auch in Deutschland unternahm man den Versuch, sie für den polizeilichen Dienst auszubilden. Dies geschah mit vollem Erfolg, denn im Bundesland Hessen ist ein schon zweijäh-

Abb. 5. Sein ausgeprägter Geruchssinn macht den Labrador Retriever zu einem vielseitigen Gebrauchshund. Die dichte Unterwolle seines kurzen Haarkleides schützt ihn vor schlechter Witterung.

riger schwarzer Labradorrüde wegen seiner unbestechlichen Nase der erfolgreichste Drogenfahnder der Polizei geworden. Die Vielseitigkeit seiner Eigenschaften ermöglichen es dem Labrador, auch andere, sehr schwere und edle Aufgaben zu meistern. Durch eine hohe Intelligenz, ein gut entwickeltes Gedächtnis und ein ausgeglichenes Wesen erfüllen die Labrador Retriever auch ihren Dienst als Blindenhunde erfolgreich in vielen Ländern der Welt.
Für die Jagd nutzt man seine enorme Apportierfreudigkeit sowie Kraft, Ausdauer und Wetterfestigkeit. Seine kurze, aber dichte Unterwolle schützt ihn nicht nur bei schlechter Witterung, sondern auch im Wasser.
Diese Beispiele machen deutlich, wie verschiedenartig der Labrador Retriever als Gebrauchshund zu verwenden ist. Es wäre wirklich schade, wenn solche hochwertigen Veranlagungen nicht gefördert würden, da gerade diese Rasse ohne entsprechende Aufgaben zu verkümmern droht. Für seine Familie ist er ein häuslicher, wachsamer und treuer Haushund, der gerade auch für Familien mit Kindern außerordentlich viel Geduld aufbringen kann.

Flat-coated Retriever

Die ursprünglichen Neufundländertypen gelten als die Stammväter des Flat-coated Retriever (deutsch: glatthaariger Retriever). Deutlich zeigten dies auch die frühen Exemplare dieser Form, denn noch im letzten Jahrhundert waren sie im Körperbau schwerer und stärker entwickelt. Zu dieser Zeit trugen die Flat-coated auch noch einen anderen Rassenamen. Man nannte sie Wavy-coated (deutsch: wellhaarig), doch diese wellige Fellform züchtete man als erstes heraus und schuf die glatthaarige Form durch die Zuführung des Irish Setters. In der allgemeinen Körperform wurde der Flat-coated jetzt leichter und schlanker. Vermutungen schließen nicht aus, daß auch andere Rassen bei der Veredelung des Flat-coated beteiligt waren.
Trotz der vielen Ansichten läßt sich aber nicht leugnen, daß der Neufundländer dem Flat-coated viel von seiner Erscheinung gab, obwohl diese Retrieverform heute wesentlich kleiner, leichter und zierlicher ist.
Zwischen 1864 und der Jahrhundertwende war der Flat-coated zweifelsohne der beliebteste Retrieverschlag in England. Man

Abb. 6. Um die Mitte des 19. Jh. wurde der Flat-coated Retriever noch Wavy-coated Retriever genannt.

schätzte nicht nur seine hervorragende Apportierleistung bei der Jagd, sondern man zeigte ihn auch auf vielen großen Ausstellungen, wo er 1873 zum erstenmal einem Richter vorgestellt wurde. Mit der Jahrhundertwende sank bedauerlicherweise seine Beliebtheit, und er wurde allmählich vom Labrador und dem Golden Retriever verdrängt. In Deutschland bemüht man sich derzeit verstärkt, diese edel anmutenden Retriever zu fördern. Viele ausgezeichnete Nachzuchten stammen aber immer noch aus England und den skandinavischen Nationen, und es bleibt zu hoffen, daß dieser schönen Retrieverform wieder ein Durchbruch gelingt.

Eigenschaften

Der Flat-coated Retriever ist ein sehr gelehriger, aufmerksamer und konzentrierter Gebrauchshund, und dies sicherlich nicht nur für die Jagd, obwohl auch er als reiner Apportierhund gedacht war. Wie kaum ein anderer Retrieverschlag ist er sehr schnell auszubilden, und für eine geübte Hand kann er schon in wenigen Wochen

Abb. 7. Der charaktervolle Kopf einer Flat-coated Retriever-Zuchthündin.

erfolgreich abgerichtet sein. Auch der Flat-coated zeigt alle Vorzüge, in jedem Gelände eingesetzt zu werden. Wetterunempfindlichkeit, Schnelligkeit und eine gute Auffassungsgabe machen ihn zu einem wertvollen Gebrauchs- und Begleithund für den Menschen. Innerhalb der Familie schätzt man sein sanftes, gutmütiges Retrieverwesen mit einer lobenswerten Charakterfestigkeit. Seine unbestechliche Treue und Anhänglichkeit, verbunden mit einem munteren und ausgeglichenen Wesen, machen ihn zu einem angenehmen Haushund. Gegenüber Kindern zeigt er ein geduldiges und fast freundschaftlich zu nennendes Verhältnis.

Curly-coated Retriever

Beim Curly-coated werden die englischen Zuchtvorstellungen klar erkenntlich. Da man eine spezielle Jagdhundform für die Wasserarbeit haben wollte, züchtete man diese Retrieverform gezielt. Hierbei kreuzten die Engländer gegen Anfang des 19. Jahrhunderts die vortrefflichsten Wasserhunde miteinander. So entstand aus Kreuzungen mit den ursprünglichen Neufundländerformen, dem Irish Water Spaniel und wahrscheinlich auch mit dem Pudel, der Curly-coated Retriever, der wohl die älteste Retrieverform ist. Seine Apportierleistungen galten als so hochwertig, daß er sich in England rasch großer Beliebtheit erfreute, bis er schließlich gegen Mitte des 19. Jahrhunderts allmählich von der Flat-coated Retrieverform abgelöst wurde. Von 1864 an wurde der Curly-coated regelmäßig auf großen Ausstellungen vorgestellt, doch einen eigenen Klub gründeten die Engländer erst 1896 für diesen Schlag. Gegen Ende des letzten Jahrhunderts brachten die Engländer diesen gelockten Retriever in die verschiedensten Länder der Welt. Um 1889 kamen die ersten Exemplare dieser Varietät nach Neuseeland und erlangten dort verhältnismäßig schnell eine große Popularität. Die Neuseeländer benutzten sie überwiegend bei der Entenjagd. In Australien wurden im Jahre 1896 auf einer Melbourner Rassehundeausstellung die ersten importierten Curlys einem Richter vorgeführt. Auch auf dem europäischen Kontinent wurden sie langsam bekannt und gezüchtet, doch solche Popularität wie in den USA erreichten sie in Europa nicht. Heute zählt der „Curly" zu den Kostbarkeiten aller Retrieverformen, doch allmählich scheint man sich seiner wieder zu erinnern, auch wenn er in Deutschland unter den Retrievern noch relativ selten zu sehen ist.

Eigenschaften

Diese seltsam gelockte Jagdhundform wird im besonderen Maße für die Arbeit an Gewässern und in Sumpfgebieten eingesetzt.

Abb. 8. Die wohl älteste Retrieverform ist der Curly-coated Retriever.

Seine Apportierleistungen werden von Kennern dieser Retrieverform als hochwertig eingestuft, denn er ist ein wahrer Spezialist im Apportieren von Wasserwild. Dem Curly-coated sagt man eine hohe Intelligenz und große Aufnahmefähigkeit nach, und in seinen Einsätzen zeigt er viel Beweglichkeit, Ausdauer und Kraft, wobei die äußere Erscheinung des hochbeinigen Curlys fast anmutig elegant erscheint. Viele Retrieverhalter freuen sich über seine natürliche Wachsamkeit, doch sollte er gut erzogen sein, damit er gelernt hat, wer das Oberhaupt ist! Auch für diese Form trifft die gutmütige und geduldige Kinderfreundlichkeit voll zu, so daß auch dieser Retriever als angenehmer Begleiter für die ganze Familie gehalten werden kann.

Chesapeake Bay Retriever

Auch die Herkunft der einzigen amerikanischen Retrieverart liegt zum Teil noch etwas im Dunkel von verschiedenen Theorien. Die wohl größte Wahrscheinlichkeit enthält die folgende Geschichte:
Im Jahre 1807 lief vor der Küste von Maryland (USA) ein englisches Frachtschiff auf Grund. Ein nicht weit von der Unglücksstelle entferntes amerikanisches Schiff namens „Canton" rettete die schiffbrüchige Besatzung mit zwei jungen mitreisenden Hunden, die ein Matrose in Neufundland erworben hatte. Bei den Hunden handelte es sich um einen dunkelroten neufundländerähnlichen Rüden mit dem Namen „Sailor" und um eine schwarze Hündin gleichen Typs, die zu Ehren des Rettungsschiffes „Canton" genannt wurde. An Land wurden sie einheimischen Bewohnern geschenkt, die zum Teil auch die gerettete Mannschaft beherbergten. Die Hunde kamen bald darauf auch in die Hände von Jägern, und diese zeigten sich beeindruckt von diesen wasserliebenden Hunden mit einem ausgeprägten Hang zum Stöbern und Apportieren. Es gibt zwar keine Belege, die beweisen, daß „Sailor" jemals „Canton" gedeckt hat, doch vermutet man, daß ihre Nachkommen mit in die USA eingeführten Retrievern gekreuzt wurden. Auf jeden Fall hat aber die Zuführung des Irish Water Spaniels dem Chesapeake Bay Retriever den letzten züchterischen Schliff gegeben. Daß auch der Otterhund beteiligt war, wird jedoch von Kynologen stark bezweifelt. Erst um das Jahr 1885 bekam der Chesapeake Bay Retriever seine Standardfixierung, und als Arbeitshund war der

Abb. 9. Ein stockhaariger Chesapeake Bay Retriever.

stockhaarige Retriever bei der Entenjagd im eiskalten Wasser der *Chesapeake Bay* kaum noch zu übertreffen und daher sehr geschätzt bei der einheimischen Bevölkerung. Heute ist der Chesapeake Bay Retriever einer der bekanntesten Retriever in den Vereinigten Staaten. In Europa ist er dagegen selten zu sehen, obwohl die Klubs sich intensiv darum bemühen, ihn auch hierzulande bekannt zu machen.

Eigenschaften

Der Chesapeake Bay Retriever ist als Jagdhund für die Entenjagd gedacht, doch durch seine vielseitige Verwendbarkeit ist er auch für andere Tätigkeiten leicht auszubilden.
Die Struktur seines Felles stellt eine Besonderheit dar und macht ihn zu einem sehr wetterharten und wasserfesten Hund, der auch

bei Eis, Schnee und sehr kaltem Wasser gebraucht werden kann. Sein stockhaariges Fell ist ziemlich „ölig“ und seine Unterwolle extrem dicht, so daß kein kaltes Wasser bis auf die Haut durchdringen kann. Man sagt, daß sein Fell so sehr dem Wasser widerstehen kann wie die Federn der Ente.
In seiner ganzen Art erweist sich der Chesapeake Bay Retriever als sehr mutig, ausdauernd und robust. Sein lebhaftes Wesen, die große Intelligenz und der außerordentliche Arbeitswille machen ihn zu einem wertvollen Partner und Freund für den Menschen. Bei einer nur familienbezogenen Erziehung wird er manchmal etwas dickköpfig, so daß eine stärkere Führung für ihn durchaus angebracht ist. Er zeigt sich jedoch liebenswert, treu und sehr wachsam, wenn er eine nach Wesen und Eigenschaft ausgerichtete Haltung und Pflege genießt.

Standard und Rassekennzeichen der Retriever

Obwohl alle Retrieverschläge in ihrer äußeren Erscheinung Ähnlichkeiten aufweisen, unterscheiden sie sich dennoch völlig voneinander, so daß eine aufgeteilte Standardbeschreibung sicherlich mehr Aufschluß über die verschiedenen Formen geben kann.

Golden Retriever

Allgemeine Erscheinung: Der Golden Retriever ist ein gleichmäßig, harmonisch gebauter Hund. Er wirkt kräftig und robust, trotz seiner freien und leichten Bewegung. Er darf nichts Grobes zeigen und weder zu hoch noch zu tief auf den Läufen stehen. Sanftmütig muß sein Ausdruck sein. Aggressivität liegt ihm fern, doch soll er Fremden gegenüber mißtrauisch und zurückhaltend sein. Eine zu kurze Reizschwelle wäre ein fehlerhaftes Verhalten.
Kopf: Der Schädel und Fang sollen breit und mächtig sein, wobei

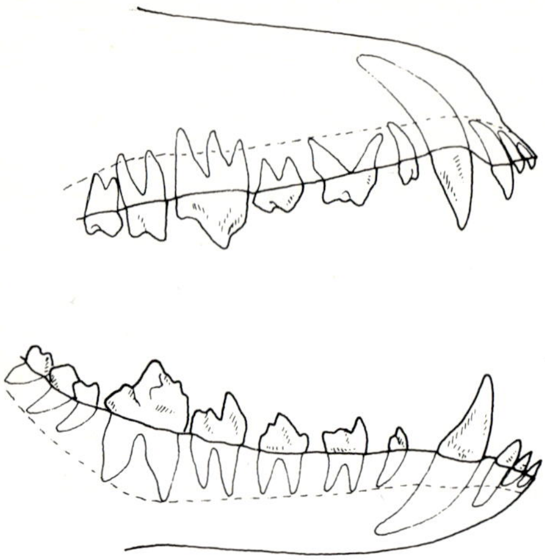

Abb. 10. Komplettes Hundegebiß. Oberkiefer: 2 Molaren, 4 Prämolaren, 1 Fangzahn, 3 Schneidezähne; Unterkiefer: 3 Molaren, 4 Prämolaren, 1 Fangzahn, 3 Schneidezähne (jeweils pro Seite).

der Kopf gut auf dem muskulösen Hals angesetzt sein muß. Der Nasenspiegel ist schwarz.

Augen: Die Augen sind dunkel und gut auseinanderliegend angesetzt. Der Ausdruck muß sanft wirken; die Augenlider sollen dunkel sein.

Ohren: Die Ohren sind gut proportioniert, mittelgroß, nicht zu hoch angesetzt. Sie sollen gut am Kopf anliegend getragen werden.

Gebiß: Das Gebiß sollte kräftig entwickelt sein und wie eine Schere schließen, ein leichter Aufbiß (Zange) kann toleriert werden, obwohl alle Abweichungen vom Scherengebiß als fehlerhaft beurteilt werden sollten. Die Prämolaren sollen deutlich sichtbar sein. *Fehlerhaft:* Wenn die Schneidezähne des Unterkiefers über die des Oberkiefers hinausragen (Vorbiß) oder wenn die Zähne des Oberkiefers über die des Unterkiefers hinausragen (Überbiß) sowie fehlende Zähne.

Hals: Muskulös und klar, jedoch ohne Wamme.

Behaarung: Lang und glatt oder nur sehr leicht gewellt. Sie darf niemals gelockt sein. Die Unterwolle muß dicht und wasserabstoßend sein. *Farben:* Jede Tönung von Gold und Creme ist möglich, aber niemals Rot oder Mahagoni. Weiße Haare an der Vorderbrust werden toleriert, aber nicht an Haarkragen, Pfoten, Zehen und Maske, dort sind sie fehlerhaft.

Körper: Gut ausgewogen mit kurzen, aber kräftigen Lenden. Brustkorb mit sehr weitem Raum, gut herabgelassen. Rippen lang und gut gewölbt.

Rute: Gerade, darf nicht zu fröhlich getragen werden und nicht über den Rücken gerollt.

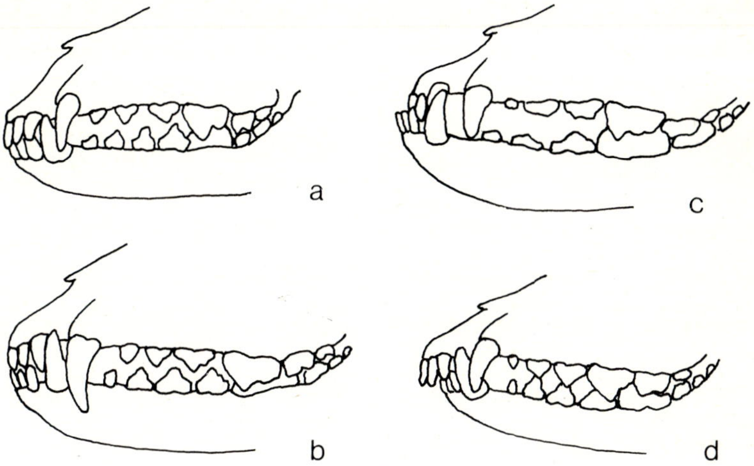

Abb. 11. Gebißformen beim Hund: a. Scherengebiß, b. Zangengebiß, c. Vorbiß, d. Unterbiß.

Läufe: Vorderhand: Gerade, mit gutem Knochenbau; Schultern gut geneigt mit langen Schulterblättern. Hinterhand: Kräftig und muskulös mit guten Unterschenkeln. Sprunggelenke gut herunter-

Abb. 12. Schematische Darstellung des Golden Retrievers.

gelassen, nicht kuhhessig. Pfoten: rund, Katzenpfoten mit geschlossenen Zehen.

Größe und Gewicht: Die Größe wird immer am Widerrist gemessen. Leichte Schwankungen nach oben und unten sind möglich. Höhe des Rüden = 56–62 cm. Gewicht des Rüden = 29–32 kg. Höhe der Hündin = 51–56 cm. Gewicht der Hündin = 25–28 kg.

Labrador Retriever

Allgemeine Erscheinung: Wohlproportionierter, kräftiger Hund, der trotz einer massiven Form sich leicht auf den Läufen bewegen muß.

Kopf: Schädel breit. Der Kopf soll klar gezeichnet sein, mit nicht zu vollen Backen. Stop nur so stark betont, daß der Schädel nicht auf

Abb. 13. Kennzeichen der Retriever am Beispiel eines Labrador-Rüden: **1.** Fang, **2.** Behang, **3.** Stop, **4.** Nasenspiegel und Nasenkuppe, **5.** Oberkopf, **6.** Auge, **7.** Nasenrücken, **8.** Nackenkamm, **9.** Widerrist, **10.** Schulterpartie, **11.** Rücken, **12.** Lendenpartie, **13.** Kruppenpartie, **14.** Rute, **15.** Kehlrand, **16.** Vorderbrust, **17.** Unterbrust, **18.** Unterbauch, **19.** Penis, **20.** Flanke, **21.** Hüftgelenk, **22.** Oberschenkelpartie, **23.** Kniegelenk, **24.** Sprunggelenk, **25.** Vorderfußwurzelgelenk, **26.** Unterarm, **27.** Unterschenkel, **28.** Hintermittelfuß, **29.** Vordermittelfuß, **30.** Pfoten.

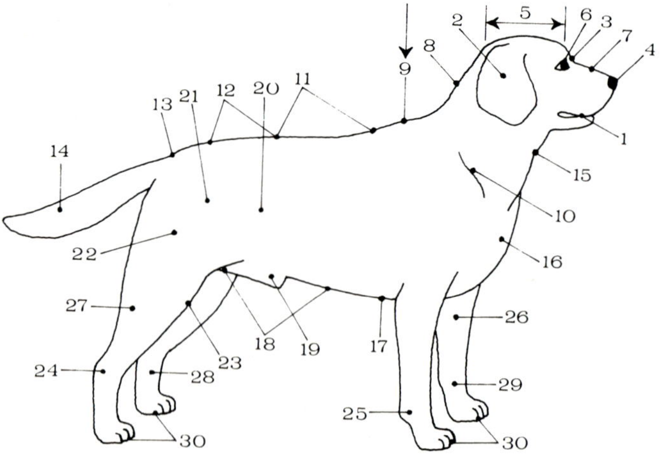

Abb. 14. Schematische Darstellung des Labrador Retrievers.

der gleichen Linie wie der Nasenrücken steht. Nase breit und gut geöffnet.

Augen: Augen mittelgroß, von brauner oder haselnußbrauner Farbe.

Ohren: Die Ohren sollen weder groß noch schwer sein, sie werden am Kopf anliegend und herabhängend getragen.

Gebiß: Mittellange, mächtige Kiefer und ein kräftiges Scherengebiß.

Hals: Mittellanger und kräftiger Hals mit guten Übergängen zur Schulter.

Behaarung: Das Haar ist ein besonderes Kennzeichen dieses Schlages, denn es ist kurz, glatt, sehr dicht, nicht gewellt und ziemlich hart. Die wasserabstoßende Unterwolle muß stark ausgeprägt sein. *Farben:* Schwarz, rotbraun oder gelb. Weiße Flecken sind verwerflich, nur ein kleiner weißer Brustfleck wäre zulässig. Der Labrador mit gelbem Fell soll im allgemeinen ein dichteres Haarkleid aufweisen.

Körper: Brust breit und tief, Lenden breit und stark. Rücken kurz und kräftig. Rippen gut gewölbt. Die Kruppe ist gut entwickelt und schrägt sich gegen die Rute ab.

Rute: Sehr kräftig am Ansatz und sich zur Spitze hin verjüngend, von mittlerer Länge und praktisch ohne Fahne, aber vollständig, kurz und dicht behaart. Soll in der Form fischotterähnlich sein. Darf fröhlich getragen werden, aber niemals über den Rücken gerollt.

Läufe: Vorderhand: Schultern lang und schräg. Läufe gerade, mittellang, muskulös, mit kräftigen Knochen. Hinterhand: Läufe gerade, mittellang und gut bemuskelt: Knie gut gewinkelt, Sprunggelenke leicht gewinkelt. Pfoten: Kompakt mit gewölbten Zehen und kräftig entwickelten Ballen.

Größe und Gewicht: Widerristhöhe beim Rüden etwa 55–62 cm und bei der Hündin 54–58 cm, bei einem durchschnittlichen Gewicht von 25–31 kg.

Flat-coated Retriever

Allgemeine Erscheinung: Wohlproportionierter, kräftiger Hund von mittlerer Größe ohne übertriebene Schwere sowie schlank ohne schwach zu erscheinen. Wirkt sehr lebhaft, mit intelligentem Ausdruck.

Kopf: Lang und gut geformt. Schädel flach und mäßig breit, ohne deutliche Betonung des Stops. Nase groß und gut geöffnet.

Augen: Mittlere Größe von braun bis dunkelbraun getönt. *Fehlerhaft:* Helle, runde und hervorstehende Augen. Sie dürfen nicht schräg angesetzt sein.

Ohren: Klein und gut angesetzt, fallen stark gegen den Kopf.

Gebiß: Kräftiges, gut ausgebildetes Scherengebiß.

Hals: Lang, ohne Wamme, gleichmäßig und schräg in die Schulter eingefügt.

Behaarung: Sehr dicht und gut anliegend, von feiner Struktur. Deckhaar länger und glänzend. Sehr dicht an Vorderläufen, Keulen, Brust und Rute. *Farben:* Schwarz oder rotbraun (leberfarben).

Körper: Brust tief und ziemlich breit, mit deutlichem Brustbein. Rippen vorne flach, gute Wölbung in der Rumpfmitte. Rücken kurz und quadratisch.

Rute: Relativ kurz und gerade, fröhlich getragen, aber niemals über den Rücken gerollt.

Läufe: Vorderhand: gerade, mit starkem Knochenbau. Hinterhand: sehr muskulös, Sprunggelenke leicht gewinkelt, gute Befransung. Pfoten: groß, mit geschlossenen und gewölbten Zehen. Ballen hart und kräftig.

Abb. 15. Schematische Darstellung des Flat-coated Retrievers.

Größe und Gewicht: Die Größe kann ebenso wie das Gewicht leicht schwanken, doch geht man von folgenden Durchschnittswerten aus: Größe zwischen 60 und 66 cm. Gewicht zwischen 27 und 32 kg.

Curly-coated Retriever

Allgemeine Erscheinung: Kräftiger, lebhafter und ausdauernder Hund, der in seiner allgemeinen Erscheinung elegant wirkt. Schwimmt ausgezeichnet und sehr gern. Typisch sind die harten Locken, die seinen Körper bedecken.
Kopf: Schädel lang und gut gebaut, nicht zu flach wirkend. Lange und kräftige Kiefer, die dem Fang aber kein spitzes Aussehen geben dürfen. Nasenlöcher weit, Nasenspiegel bei schwarzen Exemplaren schwarz.
Augen: Schwarz oder braun, jedoch niemals hellbraun oder gelb, ziemlich groß wirkend. Die Augen dürfen auch nicht zu weit hervorstehen.
Ohren: Nicht sehr groß, tief angesetzt und eng am Kopf getragen. Das Haar ist kurz und lockig.
Gebiß: Es muß kräftig und stabil sein und sich zur Schere schließen können.

Abb. 16. Schematische Darstellung des Curly-coated Retrievers.

Hals: Der Hals ist mäßig lang und darf keine Wamme zeigen.
Behaarung: Bis auf die Kopfpartien (ab Hinterkopfhöcker) ist der ganze Körper völlig mit harten Locken bedeckt. Eine nicht belockte Partie hinter den Schultern ist fehlerhaft und sollte von der Zucht ausgeschlossen werden. Weiße Abzeichen an der Brust sind verwerflich, wobei aber einzelne weiße Haare an dieser Stelle toleriert werden. *Farben:* rein schwarz oder leberfarbig, wobei letztere sehr selten vorkommt.
Rute: Relativ kurz und ziemlich gerade getragen; lockig behaart und verfeinert sich zur Spitze.
Läufe: Vorderhand: Die muskulös und schräg gestellten Schultern sitzen sehr tief. Hinterhand: kräftig und muskulös, tiefe Sprunggelenke. Kniegelenke und Sprunggelenke sind mäßig gewinkelt. Pfoten: rund, fest, mit gewölbten Zehen.
Größe und Gewicht: Der Curly-coated kann etwa 66 cm Widerristhöhe erreichen, wobei Hündinnen immer etwas kleiner bleiben als Rüden. Das Durchschnittsgewicht liegt zwischen 30 bis 35 kg.

Chesapeake Bay Retriever

Allgemeine Erscheinung: Gut proportionierter, dicht und stark behaarter Hund mit ölig erscheinendem Fell. Ein arbeitswilliges und lebhaftes Wesen mit einem intelligenten Ausdruck. Die Liebe zum Wasser muß sich schon frühzeitig erkennen lassen.
Kopf: Der Fang ist kurz, darf aber nicht spitz erscheinen. Der Schädel ist breit und leicht rund. Der Stop sollte nur mäßig gezeichnet sein. Hängende Lefzen gelten als unerwünscht.
Augen: Von mittlerer Größe, sehr hell, von gelblicher Färbung.
Ohren: Sie sind verhältnismäßig klein und hoch am Kopf angesetzt, leicht hängend und von mittlerer Struktur.
Gebiß: Kräftig ausgebildetes Scherengebiß.
Hals: Von mittlerer Länge und sehr muskulös.
Behaarung: Das Haar ist sehr dicht und kurz und sollte nicht länger als 3,75 cm sein. Die Unterwolle ist fein, dicht und stark wollig. An Fang und Läufen sehr kurz, aber nie völlig behaart. Leicht gewellt an Schultern, Hals und Rücken sowie an den Lenden. Gelocktes oder vereinzelt gelocktes Haar ist fehlerhaft. In den *Farben* kann der Chesapeake Bay Retriever leicht variieren von dunkelbraun bis blaßrot sowie der Färbung von trockenem Gras.
Körper: Breiter, kräftiger Brustkorb. Die Rippen sind abgerundet und tief. Der Körper hat eine mittlere Länge und ist andeutungsweise etwas abfallend. Eine geballte Form sowie ein Karpfenrücken sind fehlerhaft. Der Rücken ist verhältnismäßig kurz, kräftig, aber wohlproportioniert. Die Hinterhand ist bei dieser Varietät sehr wichtig und von hoher Bedeutung bei der Bewertung. Sie sollte immer etwas höher liegen als die Schultern und gleichmäßig stark sein wie die Vorderhand.
Rute: Die Rute sollte von mittlerer Länge sein. Die Maße sollen beim Rüden zwischen 30 – 37,5 cm und bei der Hündin 27,5 – 35 cm betragen. Sie muß einen starken Ansatz aufweisen. Eine leichte Fahne ist erlaubt.
Läufe: Die kräftigen und schräg gestellten Schultern müssen eine freie Bewegung zulassen. Die Läufe sind von mittlerer Länge und müssen sehr gerade gebaut sein, bei starkem Knochenbau und guter Muskulatur. Der Vordermittelfuß soll leicht gebogen sein. Von mittlerer Länge sind Hintermittelfuß und die Sprunggelenke. Die Pfoten sind in der Form wie Hasenpfoten, und die Zehen sind sehr gut abgerundet und geschlossen. An den Hinterläufen sind

Abb. 17. Schematische Darstellung des Chesapeake Bay Retrievers.

Afterkrallen fehlerhaft und müssen schon frühzeitig entfernt worden sein.
Größe und Gewicht: Widerristhöhe des Rüden: 58–66 cm, der Hündin: 53–61 cm. Gewicht des Rüden: 29–35 kg, Gewicht der Hündin: 25–29 kg.

Die Wesensveranlagungen der Retriever

Alle Retrieverformen sind in ihren Wesensveranlagungen sehr ruhige, treue und liebevoll anhängliche Hunde. Aggressionen und Neigung zum Raufen sind ihnen wesensfremd. Gegenüber aufdringlichen Fremden zeigen sie sich konzentriert und mißtrauisch, wobei sie ohne Nervosität sicher die Belange ihrer „Meute“ vertre-

ten. Solch eine ausgeglichene und ausgeprägte Wesensstärke macht gerade die Retriever zu wohl geschätzten Familien- und Gebrauchshunden. Wer also jemals mit einem Retriever zusammenlebte oder gar mit ihm arbeitete, kann empfinden, wie wertvoll es ist, mit solch einem Hund sein Leben zu verbringen.
Darüber hinaus darf man aber nicht vergessen, daß all diese guten Wesensveranlagungen sich nicht entwickeln können, wenn eine sach- und vernunftbezogene *Erziehung* fehlt. Wohl kaum wird ein Retriever mit wesensfremden Anlagen geboren, in den meisten Fällen liegt es an einer falschen Aufzucht, Haltung und Erziehung. Im familiären Bereich zeichnen sich ihre sanftmütigen, treuen und sehr anhänglichen Vorzüge aus, die gerade in einer Familie mit Kindern sehr wertvoll sind. Im Bereich der Ausbildung zeichnen sie sich durch eine sehr hohe Intelligenz und Lernfähigkeit aus und besitzen daher eine rasche Auffassungsgabe, die sie auch zu ausgezeichneten Gebrauchshunden macht. Gerade als Jagdhunde müssen sie viele Situationen schnell und sicher begreifen, um für ihren Herrn erfolgreich zu sein. Der Deutsche Retriever Club (DRC) führt in Anbetracht dieser hochwertigen Wesensveranlagungen einen Wesenstest für alle Retrieverformen im Alter von 6–12 Monaten durch. Solch ein Test kann nicht wiederholt werden und dient gleichzeitig einer Zucht- und Ausbildungseignung, damit nur reine Anlagen weitergegeben werden können und für eine Ausbildung die geeigneten entdeckt werden. Der Test bezieht sich auf die Wesensveranlagung in friedlichen Situationen und teilt sich in verschiedene Abschnitte ein, die von bestimmten Wesensrichtern geprüft werden. Dabei wird Wert darauf gelegt, daß die Prüflinge ein rassetypisches Wesen zeigen. Der Schwerpunkt liegt hierbei auf Sicherheit und Unerschrockenheit. Beobachtet wird unter anderem auch das Temperament, die Ausdauer, die erwünschte Schärfe, der Spieltrieb, der Bewegungstrieb, der Spür- und Stöbertrieb, der Beute- und Bringtrieb sowie die Führigkeit des zu prüfenden Hundes.
Fehlerhaft und ein Grund zum Ausschluß aus der Zucht wären Unsicherheit, Ängstlichkeit, Schreckhaftigkeit, Scheu, unerwünschte Schärfe, Nervosität und keine Schußfestigkeit. Auch wenn man nicht unbedingt züchten will oder gar eine Jagdgebrauchsprüfung absolvieren möchte, ist es immer empfehlenswert, seinem Retriever eine wesensgerechte Erziehung angedeihen zu lassen und ihn solch einer Wesensprüfung zu unterziehen.

Der allgemeine Wesensstandard der Retrieverschläge

1. Sehr *stark* ausgeprägt sind: Führigkeit, Bindung an den Herrn, Nasenveranlagung, Aufmerksamkeit, Wesenssicherheit, Spür- und Stöbertrieb, Bringtrieb und Wasserfreudigkeit.
2. Sehr *gut* ausgeprägt vorhanden sind: Jagdtrieb, Beutetrieb, Bewegungstrieb, Temperament, Härte, Ausdauer und Unerschrokkenheit.
3. *Mehr* oder *weniger* vorhanden: Veranlagung zum Wachtrieb, Schutztrieb und Schärfe.
4. *Fehlend* oder nicht feststellbar ist Kampftrieb.

Diese Grade der Wesenseigenschaften gelten für alle fünf Schläge.

Verhalten gegenüber Kindern

Schon der Zoologe Alfred *Brehm* beobachtete vor etwa 100 Jahren bei Labradorhunden die geduldige Kinderfreundlichkeit. Er beschrieb sie als unübertreffliche Kinderwärter, und daran hat sich bis heute nichts verändert, denn Kindern gegenüber zeigen die Retriever ein zärtliches, fast freundschaftlich zu bezeichnendes Verhalten. Immer wieder kann man beobachten, wie sie mit Kleinkindern umzugehen verstehen. Geduldig lassen sie sich stupsen und herumzerren und spüren, wie schutzbedürftig gerade kleine Menschenkinder sind. Wenn Eltern obendrein den etwas älteren Kindern das Verhalten der Hunde erklären, sind eventuelle Fehlverhaltensweisen auf beiden Seiten auszuschließen. Zwischen Hund und Kind kann sich so eine harmonische Freundschaft fürs Leben entwickeln, und das Familienglück mit Hund ist gesichert.

Die Anschaffung

Erwacht in einem der Wunsch, sich einen Retriever ins Haus holen zu wollen, überlege man sich sehr genau, welche Verantwortung damit verbunden ist, denn mit dem Kauf allein ist es nicht getan.

Man sollte schon sehr genau prüfen, ob man die nötigen Voraussetzungen für das Wohlbefinden des Hundes aufbringen kann, um mit einem Retriever eine Lebens- und Wohngemeinschaft einzugehen. Eine enge familiäre Bindung zwischen Hund und Mensch ist auch für einen Hund wie den Retriever die ideale Voraussetzung für eine freundschaftliche Beziehung. Darüber hinaus sollte man sich im klaren sein, daß ein Retriever im Laufe eines Tages für Pflege, Fütterung und Auslauf wenigstens 3–4 Stunden in Anspruch nimmt. Gerade ein Welpe benötigt in den ersten Wochen sehr viel Geduld und Fürsorge, die ihm unbedingt zuteil werden muß.
Ferner bedenke man, daß die Retriever kein schlechtes Wetter kennen und daher regelmäßig auf langen Spaziergängen die zum Wohlbefinden nötige Bewegung im Freien brauchen. Auch wenn die Retriever elegant und zierlich erscheinen, so sind sie doch robuste, ausdauernde und naturverbundene Hunde, die auch ein kühles Bad in natürlichen Seen als eine freudige Abwechslung empfinden. Hat man das alles bedacht, kann man sich an den „Centralen Retriever Club" oder an den „Deutschen Retriever Club" wenden. Diese Retrieverklubs vermitteln jedem Interessenten gern Adressen von Züchtern, die gerade Welpen abzugeben haben. (Die Adressen dieser Klubs finden Sie im Anhang, S. 77). Obendrein kann man sich dort nach Ausstellungsterminen erkundigen. Auf solchen Rassehundeausstellungen kann man sich in aller Ruhe die gewünschten Tiere ansehen und mit verschiedenen Züchtern ins Gespräch kommen, die bei der Besorgung eines Retrieverwelpen gern behilflich sind. Für welche Retrieverform Sie sich jedoch entscheiden, kann Ihnen niemand abnehmen. Dies liegt wohl im geschmacklichen Empfinden eines jeden Interessenten.

Die Kosten

Die Anschaffungskosten können individuell sehr verschieden sein und richten sich vor allem nach den Leistungen, die ein Züchter für seine Tiere aufbringt. Bei einigen Retrieverformen wie z. B. Curlycoated Retriever oder Chesapeake Bay Retriever können die Anschaffungskosten etwas höher liegen, weil es für diese selteneren Formen in Mitteleuropa noch sehr wenige Züchter gibt. Dies hängt zum Teil auch damit zusammen, daß diese beiden Formen bei uns erst allmählich bekannt werden. Für die Golden, Labrador und Flat-coated Retriever bestehen solche Anschaffungsprobleme kaum, obwohl auch sie nicht selten noch importiert werden. Auf jeden Fall sind die wichtigen *Ahnentafeln* und *Impfpässe* im Kaufpreis inbegriffen. Wird der Stammbaum beim Kauf nicht gleich ausgehändigt, sollte man sich bei dem vom Zuchtverband anerkannten Züchter bescheinigen lassen, daß er bald nach dem Erwerb des Welpen nachgereicht wird. Aber, ganz gleich was Sie als Anschaffungspreis ausgeben, bei diesen Unkosten bleibt es nicht. Das Futter, die alltägliche Ausstattung, die Hundesteuer, Versicherungen, Impfungen, Medikamente, der Tierarzt und möglicherweise der Retrieverklub und seine Ausstellungen lassen im Laufe eines Retrieverlebens weitere Kosten anfallen, die vor einem Erwerb einkalkuliert sein sollten. Doch was stellen Kosten dar, wenn man ein freundliches Retrieverherz sein eigen nennen darf.

Hündin oder Rüde

Über diese grundsätzliche Frage muß man sich im klaren sein, bevor man sich einen Welpen aussucht. Der Rüde ist meist selbstbewußter, robuster und eigenwilliger, verlangt also eine etwas festere Führung. Eine Hündin ist zärtlicher, anhänglich und leichter lenkbar, doch diese geschlechtsbezogenen Wesensmerkmale können trotzdem individuell sehr verschieden sein und brauchen nicht immer zu stimmen. Die Hündin kommt zweimal im Jahr in die *Hitze* und neigt in dieser Zeit dazu, verstärkten Kontakt mit Rüden zu suchen. Nicht ohne Grund nennt daher der Volksmund diese Phase „Läufigkeit". Ein Hündinnenbesitzer sollte also bemüht sein, die Hündin während der Läufigkeit angeleint und fern von Rüden spazieren zu führen. Ein Rüde dagegen ist ganzjährig bemüht, seine sexuellen Triebe auszuleben, weil sein Fortpflanzungswille an keine bestimmte Brunstperiode gebunden ist. Durch das Absetzen von Duftmarken wird er auf Spaziergängen ständig versuchen, seinen territorialen Machtanspruch zu demonstrieren. Fremde Rüdenmarken werden regelmäßig überuriniert. Erschnüffelt er dabei eine anziehende Hündinnenduftmarke, muß der Rüdenhalter sich ihm gegenüber stark durchsetzen, damit er die noch unbekannte Hündinnenspur nicht weiterverfolgt. Oftmals widersetzen sich die Rüden dann den Anrufen ihres Halters. Bemerkt man solch ein Verhalten, ist ein rasches Anleinen das geeignetste Mittel, den Rüden sicher und fest zu führen. In Anbetracht solcher eigenwilligen Phasen muß man wissen, ob man sich stark genug fühlt, einen Rüden zu erziehen oder eine etwas zierlichere und anschmiegsamere Hündin vorzieht, trotz ihrer Läufigkeit.

Der Welpenkauf

Schafft man sich nun einen Retrieverwelpen an, achte man sehr darauf, daß er aus seriöser und anerkannter Zuchtstätte stammt. Nur der Centrale Retriever Club und der etwas ältere Deutsche Retriever Club bieten die Gewähr für gesunde und einwandfreie Welpen, denn die ernsthaften Züchter in diesen Verbänden unterstehen den jeweiligen strengen Zuchtbestimmungen der Klubs. Kaufen Sie bitte niemals einen Retriever beim Hundehändler, er wird Mühe haben, Ihnen seine züchterische Echtheit zu garantieren, da es allen anerkannten Retrieverzüchtern vom Klub her untersagt ist, Welpen an Händler abzugeben.
Welchen Welpen soll man sich aussuchen, oder gibt es gar die große Liebe auf den ersten Blick? Sicherlich kann auch eine gegenseitige Sympathie zwischen Mensch und Hund den Kauf beeinflussen, doch die Vernunft sollte die Oberhand behalten.
Zwischen der 8. und 12. Lebenswoche durchläuft der kleine Welpe eine Entwicklung, die die Verhaltensforschung als „Sozialisierungsphase" bezeichnet. In diese Zeit fällt auch die Umgewöhnung an eine neue Umgebung und die Entwöhnung von den Elterntieren und Geschwistern. Soziale Kontakte werden entwickelt und spielen sich jetzt ein. Sie sind außerordentlich wichtig für eine zukünftige normale Beziehung zum Menschen. Bei Welpen, die handscheu sind oder sich gar absondern, heißt es Vorsicht! Ein kleiner, etwa 10 Wochen alter Welpe sollte schon so weit für den Menschen sozialisiert sein, daß er ihn freudig begrüßt. Haben Sie solch einen Welpen auf dem Arm und stupst er sein kleines Schnäuzchen gegen Ihr Gesicht oder beleckt er es sogar, ist die Bindung zwischen Hund und Mensch natürlich entwickelt, und er ist für einen Kauf geeignet. Entspricht dieser kleine Retrieverwelpe auch noch Ihrem „Schönheitsideal", steht einem Erwerb wohl kaum noch etwas im Wege.
Von einem seriösen Züchter bekommt man die Gewähr, daß sich

die Welpen in einem ausgezeichneten gesundheitlichen Zustand befinden. Von solch einem Züchter kann man auch erwarten, daß die Welpen entwurmt und schutzgeimpft sind und die Tätowierungsnummer im Ohr mit der auf der Ahnentafel übereinstimmt, wodurch die Identität des Welpen gewährleistet ist. Die für die Gesundheit wichtigen Schutzimpfungen bestehen aus einer Dreifach-Impfung gegen Staupe, Leptospirose und Hepatitis. Die Bedeutung einer Tollwutschutzimpfung wird oftmals noch unterschätzt, sie sollte der neue Eigentümer mit der Wiederholungsimpfung verabreichen lassen. All diese Impfungen müssen zur weiteren tierärztlichen Kontrolle in einen internationalen Impfpaß eingetragen sein.
Haben Sie einen Welpen erworben, erfragen Sie beim Züchter die bisherigen Futterzeiten sowie die Futterzusammenstellung, da eine plötzliche Ernährungsumstellung am Anfang leicht zu Magen- und Darmstörungen führen kann. Auch die Umstellung auf die neue Umgebung ist für einen Welpen nicht immer leicht, daher benötigt er gerade in den ersten Wochen der Umgewöhnung die ganze Aufmerksamkeit seiner neuen Familie. Mit viel Zärtlichkeit, Geduld und Einfühlungsvermögen kann man ihn rasch seine Trennung von Mutter und Geschwistern vergessen lassen. Ein so liebevoll eingewöhnter Retriever wird mit viel Freude für die Familie stets ein treuer Begleiter werden.

Die Haltung im Freien

Gesunde Retriever entwickeln sich nur, wenn sie in viel frischer Luft gehalten werden. Eine Zwingeranlage kann hierbei sehr hilfreich sein, wenn Ihnen ein Garten zur Verfügung steht. Ansonsten müssen Sie selbst sehr viel mit den Hunden aus dem Haus gehen, um mit ihnen im Freien zu sein. Ein *Zwinger* sollte mindestens 2,5 m breit und 5 m lang sein. In ihm steht die Hütte des Hundes, dort kann er auch gefüttert werden. Die Retrieverhaltung im Zwinger darf aber nie zur Isolierung führen. Der dauernde Kontakt zu seiner Familie muß unbedingt aufrechterhalten werden, da sich sonst sein Verhältnis zur Umwelt gestört entwickelt. Einen Welpen

Abb. 18 (links). Das Bild zeigt eine helle Labrador-Hündin und einen schwarzen Labrador-Rüden.

wird man selbstverständlich nicht in einem Zwinger aufziehen, da er sonst nie erlernen wird, wie sich ein Hund im familiären Bereich verhalten muß. Schließlich möchte man in seinem Retriever auch einen Freund der Familie haben, und was wären wir für Hundeliebhaber, die Treue des Hundes mit Kontaktarmut danken. Hält man sich also nur einen oder zwei Retriever, muß man ein ausgewogenes Verhältnis in Haus-, Garten- und Zwingerhaltung finden, denn der Hund sucht den Kontakt zum Menschen und möchte auch immer in dessen Reichweite sein. Der Retriever wird bald einsehen, daß der Aufenthalt im Zwinger immer nur vorübergehend ist. Er wird darunter nicht leiden, weil er spürt, daß auch im Wohnbereich seiner Familie sein Zuhause ist. Auch wenn Sie Ihre Hunde ab und zu im Zwinger unterbringen können, entbindet es Sie nicht von Ihrer Pflicht, regelmäßig mit den Hunden spazierenzugehen, weil nur die ausdauernde und ständige Bewegung die körperlichen Funktionen stärkt. Ferner müssen Sie sich auch mit jedem einzelnen Retriever beschäftigen, da es ein wichtiges soziales Verhältnis zwischen Hund und Herrn herstellt.
Für einen ernsthaften Züchter wird die Unterbringung seiner Retriever in einem Zwinger eine zwingende Notwendigkeit, da er ständig die läufigen Hündinnen vor den drängenden Rüden sichern muß. Auch während der Haarzeit kann ein Zwingeraufenthalt die Haarung durch Witterungseinflüsse günstig beeinflussen. Bei der Welpenaufzucht bietet sich eine Zwingeranlage förmlich an, denn in ihr hält sich die Mutterhündin allein mit ihren Welpen auf, die Welpen können ungezwungen toben, in frischer Luft und ohne Störung, ehe sie ihrem neuen Eigentümer übergeben werden. Der Zwinger muß wettergeschützt konstruiert sein, wenn möglich mit einem Natur- oder Holzboden. Beton oder Steine sind nicht empfehlenswert, da diese kalten Beläge oft die Ursache verschiedener Erkältungskrankheiten sind. Rheumatische und weitere Beschwerden sind nicht selten die Folge von zu kalten Unterlagen. Die Zwingerhütte soll gut isoliert und vor Zugluft, Regen und praller Sonne geschützt sein. Baut man die Hütte mit einem geraden Flachdach, wird dieses von den Hunden gern als Liegeplatz benützt. Wenigstens 50% der Zwingeranlage muß schattenspendend überdacht sein, da die Hunde in der warmen Jahreszeit nicht längere Zeit in der Sonne liegen können. Die Zwingeranlage und die Hütte müssen ständig gereinigt werden, weil nur so eine gesunde Unterbringung gewährleistet ist.

Die Haltung

Die vernünftige Art, mit einem Hund zusammenzuleben, ist der ständige Kontakt zum Menschen. Nur wenn der Retriever in seiner Familie hundegerecht sozialisiert wird, ist er leicht zu erziehen und auch einer möglichen Ausbildung sind bessere Voraussetzungen gegeben. Schon für den Welpen gilt es, in der menschlichen Gemeinschaft eine Vertrauensbasis zu schaffen, und nur im liebevollen Zusammenleben kann sich der Retriever zu einem treuen und friedlichen Wesen entfalten. Andauernde Kontaktarmut zu seiner Familie führt zu einer Verfälschung der Wesensveranlagungen und würde dem Retriever nicht gerecht. Von Anfang an muß der kleine Retriever seinen eigenen Platz zugewiesen bekommen. Dort liegen *seine* Decke, seine Spielsachen. Beachten Sie, daß er auch lernt, dort zu schlafen. Solch ein Platz ist sein eigenes kleines Refugium, in welches er sich gern einmal zurückzieht, wenn er seine Ruhe haben will. Es muß sich hierbei nicht unbedingt um einen Hundekorb mit Kissen handeln, ein Felläufer oder Hirtenteppich (Flokati) reicht voll aus. Auf jeden Fall muß darauf geachtet werden, daß dieses Retrieverlager vor Zugluft geschützt ist.
Neben einer liebevollen Zuwendung und einer hundegerechten Ernährung benötigt ein Retriever für sein gesundes Wohlbefinden ausgiebige Möglichkeiten zum Auslaufen. Ein „Gassigehen" an der Leine wird wohl kaum ausreichen, sich einen gesunden und kräftigen Retriever heranzuziehen.
Da sich alle Retrieverschläge auch für die Wasserarbeit gut eignen, wäre es angebracht, ihn auch frühzeitig an Gewässer zu führen, damit er schon sehr jung mit diesem Element vertraut wird. Ihr Retriever wird es Ihnen danken, denn er schwimmt und tollt sehr gerne im Wasser. Fast spielerisch leicht lernt er bestimmte Gegenstände aus dem Wasser zu apportieren, wenn man mit ihm regelmäßig trainiert. Ohne größere Kraftanstrengung sind die Retriever in ihren Bewegungen sehr ausdauernde und schnelle Läufer, wobei der schnelle Trab ihnen die liebste Gangart ist.
Spaziergänge und Schwimmstunden dienen einer retrievergerechten, gleichmäßigen Körperbeanspruchung, ferner aber auch der Abhärtung für alle Wetterlagen. Für jede Retrieverform muß daher ein regelmäßiger Auslauf unbedingt eingehalten werden.

Die Retrieverausstattung

Halsbänder

Entsprechend den verschiedenen Felltypen unter den Retrieverschlägen sind nicht immer dieselben Halsbänder richtig. Solange sich die verschiedenen Retriever noch im Welpenstadium befinden, kann man ruhig und ohne Probleme ein normales Lederhalsband benutzen. Stachelhalsbänder dürfen bei allen Retrieverformen niemals angelegt werden, da sie am Hals stark drücken oder am Fell scheuern können. Beim Golden der Flat-coated Retriever können sie sogar im Fell hängenbleiben und zur Kragenbildung beitragen. Lederrundwürger oder schmale Lederhalsbänder haben sich für die Golden Retriever bestens bewährt. Metallische Kettenhalsbänder sind für diese helle Retrieverform weniger geeignet, da sich bei einer längeren Verwendung dunkle Verfärbungen am Halsfell zeigen können. Für alle anderen Retrieverformen können die Gesundheits- oder Kettenwürger problemlos genommen werden. Beim Labrador, Curly-coated und Chesapeake Bay Retriever sind die feingegliederten die geeignetsten, während der Flat-coated auch die weitgliedrigen tragen kann. All diese Halsbänder sind schonend für das Fell und lassen sich leicht über den Kopf streifen.

Leinen

Führleinen und die auf verschiedene Längen verstellbaren Dressurleinen sind für Retriever geeignet. Bei noch sehr jungen Retrievern soll die Führleine nicht zu lang sein, damit auch der noch nicht „Bei Fuß"-gehende Junghund dies leichter erlernen kann. Für bestimmte Ausbildungszwecke benötigen die Retriever die sog. Schweißriemen. Hierbei handelt es sich um eine etwa 6 m lange Riemenleine, an der der Retriever bei der Schweißarbeit geführt wird.

Näpfe

Trink- und Eßnäpfe gehören zu den wichtigsten Ausstattungsgegenständen im Leben Ihres Hundes. Er sollte sie immer am selben Platz vorfinden. Aus anderen Behältern soll der Hund sein Futter oder Wasser nie erhalten. Auch Hundeleckereien geben Sie nur im

Eßnapf, denn nur so wird Ihr Hund lernen, daß Eßbares für ihn nur im Futternapf liegt. Beide Näpfe sind regelmäßig nach den Mahlzeiten zu säubern, wobei der Trinknapf ständig mit frischem Wasser gefüllt am Futterplatz steht. Konisch geformte Näpfe, die unten breiter sind als oben, sind am besten geeignet. Sie sollten mindestens 1 Liter Fassungsvermögen haben.

Kamm und Bürste

Bei den Golden und Flat-coated Retrievern ist für die Pflege der längeren Haare ein feinzahniger Kamm mit stumpfen Spitzen von großer Bedeutung. Sie benötigen für die Pflege dieser beiden Retrieverformen auch noch eine Zupfbürste, mit Drahtborsten auf der einen und Naturborsten auf der anderen Seite. Alle anderen Retriever lassen sich mit einer normalen Naturbürste pflegen, die in der Mitte feine Messingborsten aufweist. Für den Curly-coated reicht eine sehr weiche Bürste aus.

Spielzeug

Ähnlich wie ein Menschenkind braucht auch ein junger Hund Gegenstände, die seinen Spieltrieb befriedigen. Allein und auf sich gestellt, neigt er schnell dazu, alles um ihn Herumliegende anzuknabbern, da ein junger Hund gern an allen möglichen Dingen sein Gebiß erprobt. Nur ein sozialisierter Hund mit einem befriedigten Spieltrieb kann zu einem gesunden Wesen heranwachsen. In gemeinsamem Spiel mit dem Hund kann man gleichzeitig das Praktische mit dem Nützlichen verbinden und die Veranlagungen zum Apportieren spielerisch üben. Hier muß ich die verschiedenen Apportierhanteln erwähnen, die in verschiedenen Größen und Gewichten im Fachhandel angeboten werden. Solche Hanteln gibt es aus Vollgummi und Hartholz, sie werden von Retrievern gern als Lernspielzeug angenommen. Auch alle anderen Spielzeugarten wie z. B. Wurfringe und Bälle sollten, wenn möglich, aus harten Materialien sein, da weiches Gummispielzeug vom Hund leicht zerbissen und heruntergeschluckt werden kann, was nicht selten zu schweren Darmstörungen führt. Als Kauspielzeug haben sich die im Fachhandel erhältlichen Büffelhautknochen bewährt. Am liebsten spielen Hunde mit der eigenen „Familienmeute", da Spielzeug allein noch lange keinen Hund glücklich macht.

Die Pflege

Die Augen

Den Augen sollte man besondere Beachtung widmen und sie täglich mit einem in lauwarmes Wasser getunkten Läppchen – von außen nach innen – leicht auswischen. Diese Pflege gilt vor allem dem sog. morgendlichen „Schlaf", einer Absonderung, die unbedingt entfernt werden muß. Wegwerftücher haben sich in diesem Fall als sehr praktisch herausgestellt. Verwendet man ein anderes Tuch, sollte es niemals für noch einen anderen Zweck benutzt werden. Sind die Augen feucht oder sogar leicht gerötet (z. B. durch Zugluft), pflege man die Augen mehrmals täglich mit sehr mildem Kamillentee, niemals mit Borwasser! Um die Augen des Hundes zu schützen, sollte man unbedingt darauf achten, daß der Hund keiner Zugluft ausgesetzt ist, damit mögliche chronische Erkrankungen auszuschließen sind.

Das Fell

Das *Baden* ist für alle Retrieverrassen eine wohltuende Abwechslung, die ihnen so oft wie möglich gegeben werden sollte. Sie sind gute Schwimmer und fühlen sich sogar in der kalten Jahreszeit dazu veranlaßt, in natürlichen Gewässern zu schwimmen, ohne Schaden zu erleiden. Diese Veranlagung zur Wasserfreudigkeit wird unterstützt durch starke und dichte Unterwolle, die allen Retrievern gemeinsam ist. Dem Chesapeake Bay Retriever sagt man z. B. eine so fettige Unterwolle nach, daß sie die gleiche wasserabstoßende Wirkung hat wie die Federn einer Ente. Gerade aus diesen Gründen sollten Sie unbedingt darauf verzichten, Ihren Retriever zu shampoonieren. Dadurch wird nur das schützende Fett aus der Unterwolle herausgewaschen, auch wenn das Shampoo für alle Hunderassen empfohlen wird, bei unseren Retrievern zeigt es nur schädigende Wirkung. Die Fellpflege der Retriever ist kein Problem, wenn sie regelmäßig und täglich durchgeführt wird. Man gewöhne daher den Welpen schon frühzeitig an *Bürste* und *Kamm*. Besonders in der Haarzeit ist es sehr wichtig, die abgesto-

Abb. 19. Der gepflegte Kopf eines Curly-coated Retrievers.

ßenen Haare abzubürsten. Stumpfes oder verglattetes Fell ist die Folge, wenn man das Haar nicht sorgfältig pflegt. Nach dem Schwimmen achte man darauf, daß sich der Hund gut trockenläuft, erst dann bürsten und kämmen Sie das Fell, wobei dessen natürliche Wuchsrichtung zu beachten ist. Die Haare an den Vorderläufen, Hinterläufen und am Schwanz kann man leicht durchkämmen. Zum Kämmen verwendet man einen kleinen Metall-Hundekamm mit feinen, eng zusammenliegenden Zinken. Bei der Anwendung einer Drahtbürste sei man vorsichtig und vermeide stets ein starkes Aufdrücken, da die Haut sonst gereizt wird. Für den Curly-coated eignet sich eine sehr feine und weiche Bürste zur Pflege des Fells. Man kann die Locken des Curly-coated Retriever auch vor dem Bürsten noch mit einem feuchten Frotteetuch abreiben, da dies den anschließenden Bürstvorgang erleichtert. Sog. Fellglanzsprays sollte man nicht benutzen, da sie für die Retriever ungeeignet sind. Ein alter Leder- oder Samthandschuh kann, mit dem Strich gezogen, die gleiche, natürlichere Wirkung erzielen.

Das Gebiß

Bei der allgemeinen Hundepflege sollten auch die Zähne ständig kontrolliert werden, damit Veränderungen am Gebiß rasch entgegengewirkt werden kann. Nicht selten zeigen die Zähne einen gelben Belag, besonders dann, wenn der Hund mit zu weicher Nahrung gefüttert wird. Um das Gebiß hundegerecht zu schützen, braucht unser Vierbeiner unbedingt härtere Nahrung. Hundekuchen, hartes Vollkornbrot und die handelsüblichen Büffelhautknochen sowie die harten Knorpel der Rinderkehlköpfe reinigen und festigen das Gebiß durch eine vernünftige Nutzung. Gelbe Zahnbeläge kann man auch durch ein in 3%iger Wasserstoffsuperoxydlösung (in Apotheken erhältlich) befeuchtetes Läppchen abreiben.

Bei einer festen Bildung von Zahnstein ist es auf jeden Fall ratsam, diesen rechtzeitig vom Tierarzt entfernen zu lassen, um spätere Folgeerscheinungen zu vermeiden.

Die Ohren

Je nach dem Grad der Verschmutzung reinigt man die Ohren etwa einmal in der Woche mit speziellem Ohrenreinigungsmittel für Hunde oder einem Babyöl. Mit Watte oder einem Zellstofftuch wischt man die Innenseite der Ohren sauber. Sollten Haare in die äußeren Gehörgänge ragen, so muß man sie herausschneiden.

Die Pfoten

Im allgemeinen wetzen sich die Krallen des Hundes von selbst ab, wenn er genügend Auslauf hat. Wenn nicht, lasse man sich vom Tierarzt erklären, wie man mit einer Hundekrallenschere die Nägel beschneidet. Da sie stark durchblutet sind, ist hierbei Vorsicht angebracht. Zeigen sich die Ballen stark aufgerauht, ist es empfehlenswert, sie von Zeit zu Zeit mit einer Lebertransalbe einzufetten. Auf Fremdkörper und Schnittverletzungen müssen Sie achten, da diese böse Folgeerscheinungen haben können. Bei sehr kaltem Schneewetter kann man die Ballen mit Vaseline einreiben. Sie schont nicht nur die Ballen, sondern verhindert auch, daß sich in den Zwischenräumen stärkere Eis- und Schneeklumpen bilden. Vereinzelte Haare zwischen den Zehen sollten Sie herausschneiden, auch an ihnen setzen sich Eis und Schnee leicht fest.

Die Erziehung

Die Erziehung der Retriever zu Haus-, Familien- und Begleithunden ist nicht allzu schwer, wenn alle dafür nützlichen Übungen regelmäßig und konsequent durchgeführt werden. Zeigt man sich

dem Hund gegenüber als zu lasch oder sogar inkonsequent, kann es leicht passieren, daß der Hund sich selbst erzieht, und dies kann schnell eine harmonische Beziehung zwischen Familie und Hund zerstören. Ferner kann ein falsch oder gar nicht erzogener Hund für seine Umwelt zur Last werden und sehr viel Ärger bereiten.
Die menschliche Gemeinschaft ist nun mal für den Hund der Rudelersatz und in diesen muß er lernen, sich einzuordnen. Der unterste Rang ist für einen Hund keine Strafe, ein konsequentes In-die-Schranken-Weisen beweist dem Hund nur, wie stark und geordnet sein Rudelverband lebt. Hat der zu erziehende Junghund dies verstanden, wird sich ein treues und freundschaftliches Verhältnis zwischen Hund und Familie entwickeln. Eine mögliche, spielerische Herausforderung des jungen Hundes sollte man trotz alledem immer wieder annehmen, um zu beweisen, wer der „Herr" im häuslichen Rudel ist.
Da die Retriever zu den Gebrauchshunden gezählt werden, sollte man Erziehung nicht mit Abrichtung verwechseln. Die hier beschriebene *Erziehung* dient lediglich dem Erlernen von guten Umgangsmanieren, die im alltäglichen Zusammenleben von großer Bedeutung sind. Eine *Abrichtung* verfolgt das Ziel, dem Hund Tätigkeiten beizubringen, die der Mensch für sich als vorteilhaft betrachtet. Möchte man aber seinen Hund später einmal zur Dressur bringen, setzt dies einen zuvor gut erzogenen Hund voraus. Will man einen wohlerzogenen Hund haben, sollte man täglich mit ihm üben, jedoch nicht länger als 10 oder 15 Minuten und nie häufiger als zwei- oder dreimal am Tag. Das ganze Erziehungsprogramm ist für einen Junghund annehmbarer, wenn Sie die Übungen abwechslungsreich gestalten und, wenn möglich, mit einem Erfolgserlebnis abschließen. Zum Schluß soll nicht unerwähnt bleiben, daß alle Übungen nur dann Erfolg zeigen, wenn man für jeden auszuführenden Befehl immer das gleiche Wort verwendet. Beherzigen Sie diese kleinen goldenen Regeln, kann bei der Erziehung Ihres Hundes kaum noch etwas schiefgehen.

Die Stubenreinheit

Kommt ein kleiner Retrieverwelpe ins Haus, gilt es, unbedingt auf ihn aufzupassen, um zu verhindern, daß der kleine Hund sich nicht innerhalb der Wohnung löst. Wenigstens ein Familienmitglied sollte daher den Welpen in den ersten Tagen ständig beobachten. Da ein Welpe nie sein eigenes Nest beschmutzt, wird er sein Lager verlassen, um in der Wohnung zu schnüffeln, und dies kann ein Anzeichen für eine bevorstehende „Entleerung" sein. Nun beginnt für den Hundehalter die Erziehung zur Stubenreinheit, sie ist gleichzeitig auch der erste Versuch, den Welpen zur Folgsamkeit zu veranlassen.

Im allgemeinen kann man davon ausgehen, daß ein Welpe bei etwa 5 Tagesmahlzeiten sich etwa alle 2–3 Stunden lösen muß. Er muß lernen, seine Notdurft nicht in der Wohnung oder wo er sich gerade befindet, sondern im Freien zu erledigen. Schnüffelt er verdächtig am Teppich, trägt man ihn sofort ins Freie. Beim Aufheben den Welpen niemals an den Vorderläufen hochziehen, sondern immer eine stützende Hand unter sein Hinterteil schieben und die andere unter seine Brust. Nur so trägt man einen Welpen sicher und problemlos ins Freie. Dort zeigt man ihm, wo er seine Notdurft verrichten kann. In den seltensten Fällen wird der Welpe sofort sein „Häufchen" machen, man sollte ihm dafür reichlich Zeit zum Herumschnüffeln geben. Hat er sich gelöst, wird der kleine Welpe intensiv gelobt und gestreichelt. Auch nach jeder Mahlzeit wiederholt man diesen Vorgang, da ein voller Welpenmagen auf Darm und Blase drückt. Setzt er aber dennoch sein Geschäft einmal in der Wohnung ab, und Sie ertappen ihn dabei, müssen Sie den Welpen mit aller Schärfe ermahnen. Lassen Sie sich niemals erweichen, auch wenn er Sie mit einem noch so traurigen oder lieben Blick ansieht. In solch einem Fall zeigt man auf seinen gemachten Fehler und spricht ihn deutlich mit „Pfui" an. Die Wirkung des „Pfui" kann man noch verstärken, wenn man eine zusammengefaltete Zeitung neben seinem Häufchen aufklatschen läßt. Auch ein leichtes Beuteln in der Nackengegend wird vom Welpen schnell als Ermahnung verstanden. Doch all diese Strafen haben nur einen Sinn, wenn sie sofort nach der Untat erfolgen, späteres Strafen wird der Welpe kaum noch verstehen, er würde es nicht mehr auf diese „falsche" Tat beziehen. Zur Verhinderung weiterer Zwischenfälle wird diese Stelle anschließend desinfiziert und geruchlos gemacht, damit der Welpe nicht in die Versuchung kommt, die Untat an dieser Stelle zu wiederholen.

Nach etwa 14 Tagen wird der gelehrige Retriever verstanden haben, was man von ihm verlangt, wenn Sie die dazu notwendigen Erziehungsmaßnahmen konsequent durchführen. Bedenken Sie, daß das Verzeihen eines einzigen Fehlers die Erziehungsarbeit von Tagen zunichte machen kann. Bleiben Sie also hart, auch wenn es Ihnen schwerfällt, den lieblichen Blicken des Welpen zu widerstehen.

Die Leinenführigkeit

Zu Beginn einer jeden Erziehung gilt es, den Welpen an das Tragen eines Halsbandes zu gewöhnen, was für die weitere Erziehung von großer Bedeutung ist. Natürlich ist das zu tragende Halsband für den Welpen ein störender, lästiger Fremdkörper, an den er sich erst gewöhnen muß. Für den Erzieher ist hier mit viel Lob, Geduld und Belohnung der Weg zum Erfolg gesichert. Das Halsbandanlegen übt man am besten in der Wohnung, indem man den Welpen mit Leckereien lockt. Zeigt sich ein Erfolg, sollte man sich dem Hund dankbar erweisen und ihn zärtlich loben, wobei man wiederholt „Brav" sagt und die lobende Hand über sein Köpfchen streichelt. Rasch wird der Hund lernen, daß mit dem Halsbandanlegen etwas Angenehmes verbunden ist. Jetzt sind es noch Leckereien und Lob, bald wird es die Freude sein, spazierengehen zu können. Wenn wir soweit sind, daß wir den Welpen mit der Leine vertraut machen können, muß er lernen, kontrolliert und geführt zu laufen, ohne sich eingeschränkt zu fühlen.
Auch hierbei gilt es, geduldig mit Lob und Belohnung zu üben. Gewöhnen Sie den Hund von Anfang an daran, links neben Ihnen zu laufen. Die rechte Hand bleibt so frei für andere Tätigkeiten, und obendrein sind fast alle Schnüffel- und Lösungsplätze auf einer Straße überwiegend links anzutreffen. Außerdem kann es für den Führer des Hundes sehr unangenehm sein, wenn der Hund beim Gehen ständig die Seiten wechselt.
Beim „Gassigehen" sollte man viel Verständnis für den Hund aufbringen und ihn beim Schnüffeln ruhig gewähren lassen, damit er den für sich richtigen Platz erriechen kann. Hierbei sorgt eine längere Leine für mehr Bewegungsraum. Hat sich der Hund daran gewöhnt, an der Leine zu gehen, geht man allmählich zur nächsten Lektion über und erzieht ihn zum „Bei Fuß"-Gehen. Jetzt muß er lernen, mit einer kürzeren Führleine neben seinem Herrn zu laufen und nicht zu ziehen oder gar hinterherzutrotten, sondern locker und leicht „Bei Fuß" zu gehen. Geht der Hund richtig „Bei Fuß", so

müssen seine Vorderläufe in Höhe unserer Beine sein. Stößt er jedoch vor oder bleibt sogar zurück, gibt man der Leine einen leichten Ruck, der ihn in die Ausgangsposition zwingt. Um all diese Übungen zu intensivieren, versucht man das Gehtempo regelmäßig zu wechseln, damit der Hund spürt, daß er geführt wird. Spricht man den zu führenden Hund dabei immer wieder an, sollte man nicht vergessen, Lob und Tadel gerecht zu verteilen. Das „Bei Fuß"-Gehen ist eine lange und ausdauernde Übung, die viel Geduld erfordert, da die normale Fortbewegungsart des Hundes der Trab und nicht der Schritt ist. Sie kann nicht von heute auf morgen erfolgreich sein. Man kann jedoch davon ausgehen, daß die Retriever bei regelmäßigem und konsequentem Üben im Alter von etwa 8–12 Monaten verkehrssicher und wohlerzogen an der Leine laufen.

Die allgemeine Gehorsamkeit

Zu den allgemeinen Gehorsamkeitsübungen gehören noch die Anweisungen „Komm!", „Sitz!" und „Platz!". Alle drei Begriffe sind für die allgemeine Ordnung im häuslichen Bereich, im Straßenverkehr und für eine mögliche Ausbildung notwendig. Auch hier gilt die Regel, es dem Junghund so frühzeitig wie möglich beizubringen. Schon während der Hund leinenführig wird, können diese Gehorsamkeitsanweisungen ins Übungsprogramm einfließen. Kleine Leckereien und viel Lob sind auch hier die besten Helfer einer erfolgreichen Erziehung, wenn man mit ausgiebiger Geduld versucht, sich beim Hund durchzusetzen. Wie jede andere Gehorsamkeitsübung, so sollen auch diese nicht mehr als viermal hintereinander trainiert werden, damit keine Unlust entsteht. Das „Komm!" trainiert man anfänglich nicht im Freien, dort können zu viele Ablenkungsmöglichkeiten den Welpen irritieren. Zu Beginn der Übung läßt man den Welpen an einem langen Band oder der Leine laufen. Kommt unser Retriever beim Anruf „Komm!" freiwillig, wird er ausgiebig gelobt. Reagiert er nicht, so ruckt man an der Leine und ruft wiederholt. Wirkt auch diese Maßnahme nicht, zieht man ihn allmählich zu sich heran, dabei immer weiter den Befehl „Komm!" wiederholend. Geht alles gut, können Sie bald ohne Leine üben und dann in wenigen Tagen im Freien prüfen, wie weit Ihr Junghund alles verstanden hat.

Abb. 20. Aufmerksam steht der schwarze Labrador-Rüde da. Erwartet er seinen Befehl?

Ebenso wie der Begriff ,,Komm!" ist auch die Anweisung ,,Sitz!" frühzeitig zu üben. Der junge Hund muß lernen, wenn er ,,Bei Fuß" geht, auch bei seinem Herrn zu sitzen. Vor dem Überqueren einer Verkehrsstraße, oder wenn man sich mit einem Bekannten trifft und unterhält, hat sich der Hund neben seinen Herrn zu setzen. Die Anweisung kann auch als Konzentrationsstellung gelten, um beim Hund für andere Übungen die Aufmerksamkeit zu steigern. Es gilt im besonderen Maße für diese Übung, den Hund nicht zu überstrapazieren, d. h. nicht länger als etwa 5 Minuten zu trainieren, ansonsten stellt sich gerade beim jungen Hund eine gewisse Unlust ein. Die Übung selbst ist ganz einfach und wird bei konsequenter Regelmäßigkeit von Ihrem Retriever schnell erlernt. Am günstigsten ist es, wenn er in die ,,Bei Fuß"-Stellung geht und Sie die Leine in die rechte Hand nehmen. Während Sie ,,Sitz!" ausrufen, drücken Sie sachte mit Ihrer linken Hand auf das Hinterteil des Hundes. Setzt er sich hin, wird ausgiebig gelobt, und eine kleine Leckerei ist die Belohnung. Erfolgt das ,,Sitzen" bald freiwillig, kann man einen Übungsschritt weiter gehen und es jetzt ohne Leine versuchen, wobei man dem Hund gegenübersteht. Zeigen

sich auch hier Erfolge, kann man nun aus verschiedenen Entfernungen „Sitz!“ rufen, bis der Hund nun wirklich auf Ihr Wort reagiert.
Jetzt ist der kleine Retriever schon so weit, daß man die Übungen „Komm!“ und „Sitz!“ kombiniert trainieren kann. Nach wie vor sind Geduld und viel Lob die Wegbereiter des Erfolges. Ähnlich wie bei der Übung „Sitz!“ verfährt man auch beim Erlernen des Begriffes „Platz!“. Hierbei läßt man den Hund in die Sitzstellung gehen, drückt mit der einen Hand gegen den Widerrist, mit der anderen zieht man die Vorderläufe nach vorne und sagt ständig deutlich und klar „Platz!“. Der Begriff „Platz!“ kann oftmals auch durch andere ersetzt werden, wie z. B. „Leg Dich!“, „Nieder!“ oder „Down!“. Letzterer ist in der Jagdgebrauchsdressur der wohl geläufigste, denn er stellt eine weiterführende Form der Anweisung „Platz!“ dar. In der „Down-Lage“ soll der Hund ruhig und konzentriert, mit geradem, ausgestrecktem Körper liegen, wobei die Hinterläufe fest am Körper angezogen sind, und der Kopf flach zwischen den Vorderläufen am Boden liegt.
Für welchen Begriff man sich auch entscheiden mag, wichtig ist nur, daß ein Begriff immer für ein und dieselbe Übung Verwendung findet, damit der Hund schnell und sicher begreift, was man von ihm verlangt.

Unarten

Soll unser Retriever gute Manieren zeigen, müssen wir ihn von allen Unarten eines nicht erzogenen Haushundes befreien, die nun mal in jungen Hunden stecken. Nur mit genügend Geduld und Konsequenz lernt der junge Hund frühzeitig, was er tun muß und machen darf. Das fängt schon damit an, daß der Welpe gern alles anknabbert, was in seiner Reichweite liegt. Unsere Aufgabe ist es, nicht alles herumliegen zu lassen. Wenn er z. B. Teppiche, Gardinen, Tisch- oder Stuhlbeine anknabbert, muß der Hund mit einem deutlichen und strengen „Pfui!“ ermahnt werden, damit er spürt, welchen Fehler er gemacht hat, auch ein leichtes „Beuteln“ in der Nackengegend kann die Strafe noch betonen. Heftiges Schimpfen oder gar Schlagen sind verwerfliche Strafmethoden und sollten in der Erziehung niemals angewandt werden. Dies gilt auch für das Stehlen eßbarer Sachen, eine Unart, die unbedingt aberzogen gehört. Der junge Hund muß lernen, daß für ihn Eßbares nur über

die Futterschüssel zu bekommen ist, wobei regelmäßige Mahlzeiten einzuhalten sind. Erwischt man ihn einmal beim Stehlen von Lebensmitteln, wird er unverzüglich durch ein strenges „Pfui!" zurechtgewiesen und auf sein Lager geführt. Das Betteln ist eine ähnliche Unart und muß gleich hart bestraft werden. Er muß begreifen lernen, auf seinem Lager zu bleiben, wenn die Familie zu Tisch geht. Nur so wird sich ein Hund auch im Gasthaus zu benehmen wissen, nicht betteln, sondern ruhig zu Füßen seiner Familie liegen. Mit einer anderen, aber sehr verbreiteten Unart nehmen sich die Hunde das Recht heraus, auch auf Betten, Sofas oder Sesseln zu liegen. Hierbei heißt es: „Wehret den Anfängen." Leichtes „Beuteln" und ein strenges „Pfui!" muß dem Hund zu verstehen geben, daß sein Platz nur auf seinem Lager ist.
Auch vor dem Wildern und Streunen müssen wir den Retriever bewahren, obwohl letzteres nicht ganz seiner Art entspricht. Es ist zwar die Natur des Hundes, frischen Wildfährten zu folgen, doch niemals darf er es ohne Kontrolle und auf eigene Faust. Vergessen Sie bitte nie, daß Forst- und Polizeibeamte, aber auch Jagdberechtigte befugt sind, hetzende, herumstreunende und außerhalb des Einwirkungsbereiches ihres Herrn anzutreffende Hunde erschießen zu dürfen. Im besonderen gilt dies für Tollwutsperrgebiete, in denen meist Maulkorb- oder Leinenzwang besteht. Ohne Leine sollten wir immer darauf bedacht sein, in Wald und Feld den Retriever in unserer Nähe zu belassen, und einen sich zu weit entfernenden sofort zurückzurufen. Die Begriffe „Komm!", „Sitz!" und „Platz!" sollten deshalb schon sehr früh gelernt werden, damit auch allen Unarten rechtzeitig entsprochen werden kann.

Die Ernährung

Wie alle Hundeartigen sind auch unsere Haushunde Fleischfresser. Es ist jedoch ein Irrglaube, daß ein gesunder Hund nur mit Fleisch ernährt werden kann. Auf die Dauer würde solch eine Fütterung zu sehr schweren Schädigungen des Gesamtorganismus führen. Wildlebende Hunde suchen sich überwiegend pflanzenfressende

Beutetiere, von denen sie zuerst die Innereien, Gedärme, verzehren. Durch diese erhalten sie die lebensnotwendigen pflanzlichen Vitamine und andere wichtige Aufbaustoffe, die aber nur in den Nahrungsresten der Beutetiere und nicht im Muskelfleisch enthalten sind. Auch Früchte, Wurzeln und verschiedene Kräuter werden gelegentlich von freilebenden Caniden gesucht und verzehrt. Die vielen Erkenntnisse aus der Natur zeigen uns daher deutlich, wie verschiedenartig und abwechslungsreich die Ernährung auch für unseren Haushund gestaltet sein muß. Bis zu zwei Drittel sollte das tägliche Futter aus verschiedenem Fleisch bestehen, mit dem übrigen Drittel decken wir den Bedarf an pflanzlichen Nährstoffen in Form von Gemüse, Kräutern, Obst, Reis und vor allem Getreideflocken. Berücksichtigt man diese Futterregel, kann im allgemeinen nichts mehr falsch gemacht werden, und ein gesunder, kräftiger und schöner Hund ist der Lohn unserer Bemühungen.
Die tägliche Fleischration sollten wir möglichst roh reichen, da durch das Kochen viele Vitamine zerstört werden können. Wichtige Mineralsalze und Eiweiße können sogar gänzlich verlorengehen. Letztere müssen wir unbedingt erhalten, da das Fleisch für unsere Hunde ein Haupteiweißlieferant ist. Obendrein hat rohes Fleisch den Vorteil einer leichteren Verdaulichkeit gegenüber gekochtem Fleisch. Ein Anbraten oder Überbrühen ist völlig unschädlich (z. B. Leber, Nieren), da im Fleischinneren alle wichtigen Aufbaustoffe voll erhalten bleiben. Fleisch von Hammel, Rind, Wild, Huhn und Fisch sind zu bevorzugen, dagegen soll auf Schweinefleisch grundsätzlich verzichtet werden, da das Schweinefett nur schwer verdaulich ist und leicht zu Verdauungsstörungen führen kann.
Bei der Futterzubereitung soll das Fleisch in nicht zu kleine Stücke geschnitten werden, da der Hund seine Zähne schon benutzen soll. Knorpeliges Fleisch (Rinderkehlkopf) führt gekaut zu einem kräftigen und sauberen Gebiß. Zu weiches und durchgedrehtes Fleisch verleitet zum schnellen Herunterschlingen und hat den Nachteil, rasch den Magen zu verlassen, ohne daß die Verdauungssäfte stark genug einwirken konnten.
Folgende Fleischsorten haben sich sehr gut bewährt und werden gerne angenommen: Innereien wie Leber, Niere, Herz, Schlundfleisch und Grüner Blättermagen (wenn möglich ungereinigt), aber auch Muskelfleisch wie Rinderbacke und Geflügelmagen. Die Rinderleber ist ein hoher Vitaminspender mit vielen wertvollen Mineralstoffen, darf aber nicht roh gegeben werden. Das Rinder-

Abb. 21. Drei gesunde Flat-coated Retriever.

herz enthält besonders viele Phosphorverbindungen und sollte daher nur etwa zweimal in der Woche gefüttert werden. Einen hohen Kalziumgehalt gewinnt der Hund durch die Beigabe von Knorpelfleisch (Rinderkehlkopf) im Futter.
Viele Retriever sind leidenschaftliche Fischfresser, und wir sollten sie nicht daran hindern, sondern dankbar sein, da roher Seefisch sehr viele Vitamine und einen hohen Eiweißgehalt hat.
Von einer Knochenbeigabe ist immer abzuraten, da sie allgemein mehr Schaden anrichtet als Vorteile zeigt. Besonders splitternde Wildknochen, Röhrenknochen und Kotelettknochen können gefährliche Organverletzungen verursachen und sollten im Interesse unserer Hunde nicht gefüttert werden. Eine regelmäßige Knochenmehlbeigabe ist dagegen für den Aufbau und Erhalt des Knochenbaues angeraten.
Neben dem Fleisch als wichtigem Eiweißträger benötigt der Hund aber auch andere bedeutende Nahrungsbestandteile wie Fette und Kohlehydrate, die die lebensnotwendige Energie liefern, während die Proteine dem Zellaufbau dienen. Haferflocken und Reis können den Hund ausreichend mit Kohlehydraten versorgen, wobei das eine oder andere der täglichen Fleischration beigefügt werden sollte. Um die Getreideflockenbeigabe ausgewogen und nahrhaft

zu gestalten, kann man auch Hundeflocken der Futtermittelindustrie verwenden, da sie ausgezeichnet auf die ernährungsphysiologischen Grundbedürfnisse des Hundes eingestellt sind. Auch die in verschiedenen Härtegraden hergestellten Hundekuchen sollten in der Hundeernährung nicht fehlen, da auch sie aus einer ausgewogenen Mischung pflanzlicher und tierischer Produkte bestehen. Auch die wichtige Vitaminversorgung kann nicht allein durch das Fleisch gewährleistet werden, daher benötigt der Hund zu seinem gesundheitlichen Wohlbefinden auch ein Vitaminangebot pflanzlicher Stoffe. Frische, kleingehackte Kräuter wie Kresse, Petersilie oder Löwenzahn (ein gehäufter Eßlöffel), geriebene Möhren sowie Äpfel und Bananen, aber auch Erdbeeren, Himbeeren, Brombeeren und Heidelbeeren werden von den Hunden gern gefressen und sind eine wertvolle Ergänzung zur Fleisch- und Flockenhauptnahrung. Steinobst immer ohne den Kern füttern, besonders gefährlich sind Pfirsichkerne! Auch synthetische Vitaminpräparate können den Bedarf decken, doch sollte man sie tierärztlich verordnen lassen.

Ernährung der trächtigen und säugenden Hündin

Zu Beginn einer Trächtigkeit zeigt die Hündin noch keinen erhöhten Nahrungsbedarf. Auch besondere Futterzusätze sind noch nicht notwendig, wenn die Hündin sich zur Zeit des Deckens in einer ausgezeichneten körperlichen Verfassung befand. Ab der 4. bis 5. Trächtigkeitswoche steigert sich bei der tragenden Hündin dann im allgemeinen der Appetit. Die tägliche Mahlzeit sollte aber kaum die doppelte Menge der normalen erreichen, wobei die Qualität und nicht die Menge des Futters ausschlaggebend ist. Ab der 7. bis 8. Trächtigkeitswoche ist der Höhepunkt des steigenden Nahrungsbedarfes erreicht, und der Appetit der Hündin kann bis zur Niederkunft unter den allgemeinen Normalwert absinken.
Mit Beginn der 1. Säugewoche erhöht sich der Nahrungsbedarf allmählich wieder, zwischen der 3. und 5. Säugewoche kann er die doppelte bis dreifache Menge des normalen Futters ausmachen. Die Nahrungsmenge ist auch abhängig von der jeweiligen Anzahl der zu säugenden Welpen. Wegen der starken Milchleistung, die die Hündin aufbringen muß, soll ihre Nahrung qualitativ sehr hochwertig sein, damit sie selbst dabei keinen Mangel erleidet. Nur

ausgezeichnetes, eiweißreiches Fleisch darf der Hündin jetzt gegeben werden, dabei reduzieren wir den ungewaschenen Blättermagen und lassen Kutteln, Gurgeln oder ähnliches vorübergehend aus. Das Fleisch muß nach wie vor gute zwei Drittel des Futters ausmachen, wobei wir das restliche Drittel z. B. mit Möhren, Haferflocken und Milchprodukten wie Quark ergänzen. Kleine Zusätze wie Futterhefe oder Lebertran (ein Eßlöffel täglich) gewährleisten einen optimalen Vitaminanteil und sollten täglich beigegeben werden. Um aber die Zufuhr bestimmter Vitamine zu gewährleisten, darf eine ausreichende Fettzufuhr nicht fehlen, eine regelmäßige kleine Beigabe von Becel®-Margarine wäre daher sehr zu empfehlen. Die vermehrte Kalkzufuhr während der Trächtigkeit und Säugezeit kann durch knorpeliges Fleisch und kleine Mengen Kalziumkarbonat oder dem handelsüblichen Vitakalk®, das zusätzlich vitaminisiert ist, gewährleistet werden. In den warmen Sommermonaten und bei Beigabe von Vitakalk kann auf Lebertran verzichtet werden, da auch Vitakalk einen ausreichenden Anteil an Vitamin D enthält. Der Bedarf an notwendigen und wertvollen Mineralien kann leicht durch eine Beigabe von Seetang (ein Eßlöffel) gedeckt werden. Obwohl die Welpen im allgemeinen zwischen der 4. und 5. Säugewoche von der Mutter entwöhnt werden, fällt der Nahrungsbedarf der Hündin erst zur 6. Säugewoche wieder auf einen Normalwert zurück. Jetzt beginnt für das Muttertier die Ruhe- und Erholungsphase, in der sie zwar eine kräftige, jedoch normale Ernährung erhalten soll.

Ernährung des Junghundes

Je nach der mütterlichen Milchleistung und der Anzahl der zu säugenden Welpen fällt die Entwöhnung in die 4. oder 5. Lebenswoche. Beim Zufüttern oder Ganzfüttern der Welpen muß der Züchter nun darauf achten, daß die zu fütternden Welpen eine ihnen entsprechende nährstoffreiche Nahrung erhalten.

Bis zur 8. Lebenswoche wird Milch die Ernährungsgrundlage sein, die man mit Haferflocken oder gemischten Getreideflocken, einem gekochten Ei, frischen Kräutern (Kresse) oder Früchten verrührt. Zwischen der 9. und 12. Lebenswoche reduziert man allmählich die Milchmahlzeiten auf 2 und gibt ersatzweise 3 Fleischmahlzeiten, die ebenfalls mit Haferflocken angerührt werden. Das Fleisch sollte

anfänglich fein gehackt und weder zu fett noch zu mager sein. Erhielten die Welpen bisher 5 Mahlzeiten täglich, kann man die täglichen Mahlzeiten im 4. Lebensmonat langsam reduzieren. Man verteilt jetzt auf etwa 8 Stunden: eine Milchmahlzeit und 2 Fleischrationen mit Haferflocken und frischem Gemüse, wie z.B. Möhren. Im Alter von etwa 6 Monaten verzichten wir auf die Milchfutterzubereitung und verfüttern nur noch 2 Fleischmahlzeiten mit Flokken, Gemüse, Kräutern oder gar Früchten. Diese 2 Mahlzeiten erhält der Welpe dann bis zu einem Alter von etwa 12 Monaten. Auch wenn die Retriever mit 12 Monaten körperlich noch nicht ausgereift sind, reicht es jetzt völlig aus, sie mit einer Hauptmahlzeit zu ernähren. Eine kleine Zwischenmahlzeit mit einigen Hundekuchen und ab und zu auch Früchten bleibt jedoch weiterhin empfehlenswert.
Eine zusätzliche optimale Vitamin- und Mineralstoffversorgung erreicht man, wenn dem Welpen alle 2 Tage Seetang im Futter gereicht wird. Zusätzlich können Sie dem Welpen täglich auch Kalzium (Kalziumkarbonat, 1 g pro kg Körpergewicht) oder das handelsübliche Vitakalk® ins Futter verrühren.

Ernährung des erwachsenen Retrievers

Ab dem 1. Lebensjahr reicht eine Hauptmahlzeit voll aus, die Menge der Mahlzeit richtet sich nach körperlichen Belastungen, Wachstum, Alter, Größe und Geschlecht, wobei auch individuelle Veranlagungen eine wesentliche Rolle spielen können. Nicht zu unterschätzen sind auch die jahreszeitlichen Witterungseinflüsse, die sich auf den Nahrungs- und Energiebedarf auswirken können. Es kann also bei sehr großer Kälte im Winter ein höherer Energiebedarf zur Erhaltung der Körperwärme erforderlich sein, und dies nicht nur bei der Haltung im Zwinger. Futterzusätze wären demnach im Winter wichtiger als in warmen Monaten. Der Fleischbedarf muß jedoch zu jeder Zeit konstant zwei Drittel der Nahrungsmenge ausmachen. Genaue Mengenangaben sind nur sehr schwer aufzustellen. Durchschnittswerte errechnen sich aus dem Bedarf gesunder, kräftiger Hunde unter einer normalen körperlichen Belastung. Je nach den individuellen Anforderungen können für Rüden 800–1100 g und für Hündinnen 500–850 g voll ausreichend sein für eine Hauptmahlzeit.

Gesundheit

Die wichtigsten Vorbedingungen für die Gesundheit des Hundes sind eine gut ausgewogene Ernährung, viel Bewegung im Freien, eine zugluftsichere Unterbringung und regelmäßige Körperpflege.
Um gerade *Augenentzündungen* zu verhindern, müssen die Retriever in der Wohnung unbedingt zugfrei gehalten werden. Anzeichen für solch eine Erkrankung der Augen ist starker Tränenfluß sowie eine Rötung der Lidbindehaut, wobei in sehr schlimmen Fällen sogar eine eitrige Sekretion auftreten kann. Bei einer sofortigen Behandlung mit Augentropfen (etwa stündlich) oder Augensalbe (bis viermal täglich) kann rasch eine Heilung erreicht werden.
Bei Entzündungen im Bereich der *Ohren* schüttelt der Hund verstärkt seinen Kopf. Ist er sogar versucht, sich ständig am Ohr zu kratzen, aus dem inzwischen sogar ein übler Geruch wahrzunehmen ist, sollte der Hund sofort in tierärztliche Behandlung kommen, da schmarotzende Ohrmilben oder eingedrungene Fremdkörper die Ursache sein können.
In den warmen Jahreszeiten kann ein Hund leicht von ungebetenen Gästen befallen werden, die jedoch bei ständiger Körperpflege schnell entdeckt werden. Ein wirksamer Schutz gegen die häufigsten *Hautparasiten* (Flöhe, Läuse, Zecken) bieten die bewährten Ungezieferhalsbänder (z. B. von Ipevet®). Sie haben meist eine volle Wirksamkeit von etwa 3–4 Monaten und geben aufgrund der Körperwärme ihren Wirkstoff ab. Im Wald und im Unterholz kann der Hund leicht von einem Holzbock befallen werden; er beißt sich in der Haut fest und ist blutsaugend. Holzböcke gilt es, mit aller Vorsicht zu entfernen. Mit Gewalt darf man sie nie herausreißen. Verbleiben die Mundwerkzeuge in der Haut, können Entzündungen auftreten, die nicht immer ungefährlich sind. Mit Alkohol oder Öl lassen sich die Holzböcke leicht betäuben und nach kurzer Zeit mitsamt dem Kopf entfernen, indem man sie im Uhrzeigersinn drehend herauszieht.
Zu den gefährlichsten Parasiten gehören zweifelsohne die verschiedenen *Darmparasiten*, wie Bandwurm, Spulwurm, Hakenwurm und Peitschenwurm. Vor allem Welpen und Junghunde sind meist von Würmern befallen und können schwere Schädigungen erleiden. Sie schädigen den Hund kaum durch Nährstoffentzug,

sondern durch eigene giftige Stoffwechselprodukte. Blutarmut, Abmagerung, Durchfälle und Entwicklungsstörungen können die Folge von starkem Wurmbefall sein. Zeigen sich sogar Blutspuren im Kot, sollte der Tierarzt unbedingt konsultiert werden. Wurmbefall kann wirksam verhindert werden, wenn schon frühzeitig zur Prophylaxe eine Wurmkur durchgeführt wird. Besonders Muttertiere müssen zur Trächtigkeit wirksam vor einem Wurmbefall geschützt werden, um ein Welpensterben zu verhindern, da auch das Ungeborene schon im Mutterleib angegriffen werden könnte.
Einen anderen wichtigen gesundheitlichen Schutz bieten die Impfungen gegen die gefährlichsten Ansteckungserkrankungen, die einen Hund befallen können. Von großer Bedeutung ist hierbei die Tollwutschutzimpfung, da sie bei Verdachtsfällen auch einen sicheren Schutz für den Menschen bietet. Staupe, Hepatitis und die Leptospirose sind die übrigen *Infektionserkrankungen*, gegen die nur dann wirksam geschützt werden kann, wenn alle Impfungen regelmäßig durch einen Tierarzt erfolgen und im Impfpaß eingetragen sind. Die Eintragung im Impfpaß ist wichtig, damit die Wiederholungsimpfungen termingerecht eingehalten werden können. Ein Impfplan für Hunde könnte folgendermaßen aussehen:

Alter	Impfform
7.–8. Woche	Dreifachimpfung SHL
12.–14. Woche	Dreifachimpfung SHL; Wiederholung plus T
1, 3, 5, 7, 9 Jahre	Vierfachimpfung SHL plus T
2, 4, 6, 8, 10 Jahre	L plus T

(SHL = Staupe-Hepatitis-Leptospirose, T = Tollwut)

Die Hüftgelenksdysplasie (HD)

Die HD ist eine erhebliche Veränderung des Hüftgelenks und kann nur auf dem Röntgenbild mit Sicherheit erkannt und bestimmt werden. Die röntgenologische Bewertung ist jedoch erst mit dem 12. Lebensmonat korrekt möglich, da erst zu diesem Zeitpunkt die Entwicklung des Knochenwachstums fast abgeschlossen ist. Die tierärztliche Auswertung unterscheidet 5 verschiedene Schweregrade: 1. Frei von HD – 2. Verdacht auf HD – 3. Leichte HD – 4. Mittlere HD – 5. Schwere HD. Die Grade 4 und 5 sind jedoch bei allen Retrieverformen relativ selten, solche Tiere werden durch die Zuchtverbände von der Zucht ausgeschlossen.

Die Hundeapotheke

Nicht nur für daheim, sondern auch auf Reisen kann eine Hundeapotheke sehr zweckmäßig sein und sollte in keinem Hundehaushalt fehlen. Die Ausrüstung muß so gestaltet sein, daß sie für leichte Verletzungen und Erkrankungen *Erste Hilfe* leisten kann. Eine richtige Hundeapotheke sollte daher folgende Dinge ständig vorrätig haben: ein Fieberthermometer, eine Flasche Alkohol (zur Desinfektion: 70%igen Spiritus), Augentropfen, Ohrentropfen, eine Tube Wundsalbe, eine Rolle Leukoplast, einen Wundverband, Watte und Wattestäbchen sowie Kohlekompretten für leichte Durchfallerscheinungen.

Die Zucht

Besitzt man eine oder mehrere ausgezeichnete, gesunde und wesenstypische Retrieverhündinnen, wird irgendwann der Gedanke auftauchen, selbst einmal den einen oder anderen Wurf großzuziehen, auch wenn viel Arbeit, Zeit und Geduld aufzubringen sind. Eine ernstgemeinte Retrieverzucht ist ein wertvolles und schönes Hobby, das keinen finanziellen Gewinn verspricht. Der eigentliche Grundgedanke einer Zucht verfolgt das Ziel, gesunde, wesenssichere und standardtypische Hunde der jeweiligen Retrieverform zu züchten. Wer sich also näher mit dem Gedanken einer Zucht befaßt, sollte sich dem Retriever Klub anschließen, der auch die eigenen Hunde zuchtbuchmäßig erfaßt hat. Dort wird man Sie gern beraten, welche Vorbereitungen für eine Zuchtgenehmigung erforderlich sind, da man ohne Zulassung nicht die wichtigen Ahnentafeln für die Welpen erhält. Auch Ausstellungstermine und Informationen für eine mögliche Leistungsprüfung erhält man nur durch den Klub, ebenso auch Adressen von Deckrüden, wenn man keinen eigenen besitzt. Neben den Zuchtzulassungsbestimmungen des Zuchtverbandes sollte sich jeder angehende Züchter auch mit den biologischen Grundlagen beschäftigen, um eine gesunde und problemlose Zucht zu gewährleisten.

Die richtige Auswahl der Partner

Jeder erfahrene Züchter wird darauf bedacht sein, die Partnerwahl nach ganz bestimmten Faktoren auszurichten. Gleiches Aussehen und Wesen sowie eine erwiesene Leistungsfähigkeit sind dabei die bevorzugten Richtlinien für die Auswahl der Partner. Neben Wesen und Leistung wird der gewissenhafte Züchter auch noch andere wichtige Faktoren berücksichtigen, die für das Gelingen eines Wurfes von großer Bedeutung sind. Der allgemeine Gesundheitszustand, das Alter, der Verwandtschaftsgrad bzw. die Blutlinie sowie die körperliche Struktur müssen bei der Zuchtwahl der Partner genauso bedacht werden wie das ausgezeichnete Abschneiden auf Ausstellungen. Für einen noch unerfahrenen Züchter ist es immer ratsam, eine sogenannte Linien- oder Fremdzucht zu betreiben. Eine Linienzucht verfolgt die Blutlinie naher und weit zurückliegender Ahnen, während man bei der Fremdzucht auf keine gemeinsamen Ahnen des jeweiligen Retrieverschlages achten muß. Züchter mit ganz bestimmten Zuchtvorstellungen werden nicht umhin kommen, auch Inzucht zu betreiben, da nur durch sie die Gewähr gegeben werden kann, daß gewünschte Merkmale und Eigenschaften dominieren. Es besteht jedoch das Risiko, daß gemeinsame negative Merkmale stärker hervortreten können. Die Retriever Klubs beraten einen aber gern, wenn es darum geht, den geeigneten Partner für eine Paarung zu finden.

Die Hitze (Läufigkeit)

Während der männliche Geschlechtstrieb an keine bestimmte Periode gebunden ist, kommt die Hündin etwa alle 6 Monate in ihre Hitze. Dieser geschlechtliche Zyklus zeigt sich in verschiedenen Phasen und dauert gewöhnlich 21 Tage. Man unterscheidet dabei Vorbrunst und Hochbrunst sowie eine wenige Tage andauernde

Nachbrunst. Die eigentlichen fruchtbaren Tage einer Hündin liegen etwa am Anfang der Hochbrunst zwischen dem 10. und 14. Tag, gerechnet vom 1. Hitzetag der Vorbrunst. Um die jeweilige Hitzeperiode vorauszuberechnen, sollten Sie sich sehr genau die Termine bei der Junghündin notieren, wenn möglich schon bei der ersten Hitze. Kennt man den *Hitzekalender,* kann man Ausstellungen, Urlaub und Paarungen besser planen. So ist man freier von Überraschungen und Sorgen.
Während der Hitze oder Läufigkeit sollte man auf die Hündin sorgsam achten, da sich in dieser Zeit Wesensveränderungen einstellen können. Neigung zum Streunen sowie innere Unruhe sind in dieser Zeit ganz normale Verhaltensweisen.

Das Decken

Hat man für seine Hündin eine Zuchtzulassung vom Zuchtwart erhalten, kann man alle Vorbereitungen für den Deckakt planen. Im allgemeinen wird man eine Retrieverhündin nicht vor dem 20. Lebensmonat belegen lassen, da ihre körperliche Entwicklung erst ausgereift und abgeschlossen sein sollte. Das günstigste, zuchtfähige Mindestalter für Rüden liegt bereits bei 18 Monaten.
Am Verhalten einer Hündin kann man die Befruchtungsphase nicht genau feststellen, daher achte man sehr genau auf die Blutungen (Färbung). Mit Beginn der Hochbrunst hören die Blutungen langsam auf (ab etwa 9. Tag), es tritt nur eine rosafarbene Absonderung ein, die allmählich in einen transparentfarbenen Schleim übergeht (11.–14. Tag). Jetzt ist der Zeitpunkt erreicht, wo die Hündin für eine Paarung zum Rüden geführt werden kann. Da sich die Hündinnen meist ausgezeichnet pflegen, ist diese Phase nur schwer zu erkennen. Möchten Sie sichergehen, kontrollieren Sie am besten täglich die geschwollene Scheidenregion. Hierzu verwendet man ein Papiertaschentuch, das noch die geringste Absonderung aufsaugt, so kann man leicht ablesen, welche Färbung vorliegt, um den wichtigen Decktermin nicht zu verpassen.
Den eigentlichen Deckakt wird man im Freien vollziehen lassen, damit dem Paar genügend Freiraum gegeben ist, um sich kennenzulernen. Zeigt sich die Hündin willig, nutzt ein erfahrener Zuchtrüde diese Situation ziemlich schnell und wird die Hündin beim „Aufsitzen“ sicher und fest mit den Vorderläufen umklammern.

Jetzt kommt es darauf an, den Hunden Zeit zu lassen, sie nicht zu stören oder auseinanderzureißen, da dies zu schweren Verletzungen führen kann. Da es bei den Hunden nach dem „Aufsitzen“ zu einem langen „Hängen“ kommt, kann sich der Deckakt bis auf etwa 20 Minuten ausdehnen. In dieser Phase stehen die Partner meist Hinterteil an Hinterteil und nur selten schräg nebeneinander. Das lange Hängen wird durch die stark muskulöse Scheide ausgelöst, die sich fest um den durch Schwellkörper vergrößerten Penis des Rüden schließt. Um aber ganz sicherzugehen, daß der Deckakt auch geklappt hat, ist es ratsam, die Paarung nach 24 Stunden zu wiederholen.

Die Trächtigkeit

Die Trächtigkeit dauert im allgemeinen 9 Wochen bzw. 63 Tage, wobei eine Verschiebung um ein oder 2 Tage nicht ungewöhnlich ist. Man notiere sich daher den genauen Decktermin, damit man weiß, in welcher Woche und an welchem Tag die Geburt zu erwarten ist. In den ersten 3 Wochen ändert sich im Alltag einer trächtigen Hündin kaum etwas. Das Futter sollte in dieser Zeit schon qualitativ hochwertig sein, braucht aber mengenmäßig nicht gesteigert zu werden. Für die tragende Hündin ist viel Bewegung in frischer Luft nach wie vor sehr wichtig und sollte bis zur letzten Trächtigkeitswoche normal eingehalten werden, denn zu viel Ruhe schadet mehr als eine gleichmäßige körperliche Beanspruchung im Freien.

Befindet sich die Hündin allerdings in einer Ausbildung, wäre es ratsam, diese in der 2. Hälfte der Schwangerschaft zu unterbrechen und für etwa 10 Wochen ruhen zu lassen, da eine körperliche Überbeanspruchung den Wurf gefährden könnte.

Während der gesamten Schwangerschaftsdauer müssen Sie besonders darauf achten, daß die werdende Mutter sich in einem ausgezeichneten gesundheitlichen Zustand befindet. Selbstverständlich wurde die Hündin schon vor dem Deckakt entwurmt. Für die Feten im Mutterleib könnte es sonst zu schweren gesundheitlichen Störungen kommen. Ist die Hündin in einer freien Zwingeranlage untergebracht, wird sie in den letzten 14 Tagen ihrer Trächtigkeit im Haus gehalten, um sich allmählich auch an die Wurfkiste zu gewöhnen, in der sie schließlich nicht nur ihre Welpen zur Welt

bringt, sondern dort auch säugt. Eine absolut zugfreie Unterbringung muß dabei für die trächtige Hündin und die zu erwartenden Welpen gewährleistet sein. Für die gesamte Schwangerschaftsdauer muß ein erhöhter Vitamin-, Mineralstoff- und Kalziumbedarf der Hündin ausgeglichen werden, damit die Entwicklung der Feten nicht gehemmt wird und die Hündin sich nicht entkräftet. Verschiedene Züchter geben ihrer Hündin in den letzten Trächtigkeitswochen natürliche Hilfsmittel, die nicht nur die Geburt erleichtern, wodurch die Geburtswege geschmeidiger werden und auch die Gebärmutter sich leichter und schneller zurückbilden kann. Da aber auch eine verbesserte Milchleistung damit erzielt werden kann, kommen solche natürlichen Mittel auch den Welpen zugute. Die besten Erfahrungen haben die Züchter mit Himbeerblattextrakten gemacht, die in Tablettenform gegeben werden können (vor der Geburt eine Tablette und bis zum 14. Säugetag 2 Tabletten).
Neben den Himbeertabletten (Fa. Büttner, Sythen) kann man seiner Hündin auch das homöopathische Präparat *Agnus castus D1* geben. Dieses Präparat eignet sich besonders für Erstlingshündinnen, 3 Wochen vor der Geburt und 14 Tage während der Säugezeit, täglich etwa 5 Tropfen mit einem Stückchen Fleisch verabreicht.

Die Wurfkiste

Als korrekte Züchter haben wir selbstverständlich schon frühzeitig eine Wurfkiste gebaut, denn mindestens eine Woche vor der Geburt muß sich die Hündin mit diesem Lager vertraut gemacht haben. Die Wurfkiste sollte nicht zu klein konstruiert sein, damit die Gefahr des Totdrückens der Welpen vermieden wird. Groß angelegte Wurflager haben den Vorteil, daß die Mutterhündin sich auch mal neben den Welpen in Ruhe ausstrecken kann, ohne die Wurfkiste verlassen zu müssen.
Als Baumaterial verwendet man am besten naturgewachsenes Holz, das eine gewisse Haltbarkeit und Stabilität garantiert, wobei die Stärke zwischen 15 und 20 mm sein kann. Eine retrievergerechte Wurfkiste benötigt schon die Maße von etwa 140 × 110 cm. Die Seitenwände sollten dabei eine Höhe von etwa 50 cm aufweisen. Eine Ein- und Ausstiegsseite ist unbedingt nötig. Damit sich das Muttertier nicht am Gesäuge verletzt, darf diese Seite nur eine Höhe von etwa 25 cm aufweisen. Dadurch ist trotzdem noch ge-

währleistet, daß die Welpen nicht herausfallen können. Für die Sicherheit der Welpen ist es ferner ratsam, an den Innenseiten des Wurflagers eine Leiste anzubringen (in einer Höhe von etwa 15 cm), die verhindern soll, daß die Welpen zu leicht von der Mutter gedrückt werden können.
Als Bodenbelag verwendet man am besten eine Gummimatte, die genau die Maße des Lagers hat. Darüber legen wir eine dicke Schicht Zeitungspapier, das die Flüssigkeiten gut aufsaugt. Die ganze Schicht wird dann bedeckt mit einem kochfesten Laken. Zur Geburt wäre es allerdings empfehlenswert, noch eine starke, weiche Decke zuunterst zu legen. Das Zeitungspapier und das Laken werden selbstverständlich täglich gewechselt, damit ständig die hygienische Frische garantiert ist.

Die Geburt

Mit Beginn der letzten Trächtigkeitswoche wird die Hündin ruhiger, auch ihre Bewegungen werden langsamer. Größere Spaziergänge sind jetzt auf jeden Fall zu vermeiden. Die Trächtigkeit macht sich nun auch für den Züchter deutlich bemerkbar, denn das Gesäuge wird größer und die Zitzen versteifen sich merklich. Auch die Bauchregion hat an Größe und Umfang zugenommen. Etwa 2–3 Tage vor der Niederkunft nimmt der Appetit deutlich ab, und der Auslauf dient jetzt nur noch der Notdurft. Gönnen Sie der Hündin in ihrem Wurfzimmer viel Ruhe; Hektik und Nervosität sollten ausbleiben, da sie sich leicht auf die Hündin übertragen.
Rektal gemessen haben Hunde eine Körpertemperatur von etwa 38°–38,5°C, doch etwa 24 Stunden vor der Geburt sinkt die Temperatur langsam auf ca. 37°–36,5°C ab. Dieses Absinken der Körpertemperatur deutet darauf hin, daß die Geburt in wenigen Stunden zu erwarten ist. Es ist deshalb ratsam, ab dem 59. Trächtigkeitstag die Temperatur der Hündin regelmäßig zu kontrollieren. Wenige Stunden nach dem Absinken der Temperatur treten die ersten Eröffnungswehen auf, und die Geburt steht unmittelbar bevor. Zwischenzeitlich ist die Hündin ständig damit beschäftigt, sich die Schamregion zu belecken, die inzwischen angeschwollen ist. Um Komplikationen zu vermeiden, bleibe man jetzt in ihrer Nähe, besonders bei Erstgebärenden kann dies sehr beruhigend wirken. Im allgemeinen werfen erfahrene Hündinnen ihre Welpen

im Liegen, doch ist es völlig normal, wenn eine Erstlingshündin die Geburt im Stehen vollzieht. Ein Welpe kommt meist mit dem Kopf voran zur Welt, und das Muttertier befreit das Junge gleich von der Fruchthülle und dem schleimigen Verschluß aus dem Schnäuzchen. Die Luftröhre ist nun frei, und der Welpe kann erstmals selbständig atmen. Nun beißt sie die Nabelschnur durch und beginnt den Welpen trockenzulecken. Die mit der Geburt abgehende Nachgeburt (Plazenta) wird im allgemeinen von der Hündin gleich verzehrt, da diese wertvolle milchanregende Wirkstoffe enthält. Wenn viele Welpen geboren werden, kann sich der Geburtsvorgang auf viele Stunden ausdehnen. Man sollte sich trotzdem niemals einmischen, wenn die Hündin allein und sicher mit der Situation fertig wird, zumal gesunde Retrieverhündinnen nur äußerst selten auf menschliche Hilfestellung angewiesen sind.
Die Anzahl der Welpen kann recht unterschiedlich sein. Durchschnittswerte liegen bei 4 bis 8 Welpen pro Wurf. Gleich nach der Geburt muß das Lager neu und frisch ausgelegt werden, da Laken und Zeitungen zum Teil sehr stark vom Fruchtwasser durchnäßt wurden. Während die Hündin sich zu dieser Zeit außerhalb der Wurfkiste befindet, reichen wir ihr ein erfrischendes Getränk aus Traubenzucker, Honig und Wasser, aber niemals Milch. Wenn der Milcheinschuß nicht schon unmittelbar vor der Geburt einsetzte, kommt er spätestens mit dem Werfen der Welpen.

Die Entwicklung der Welpen

Gleich nach der Geburt und noch vor dem ersten Säugen wird der Welpe gewogen, um das Geburtsgewicht zu ermitteln. Diese Angaben werden dann sorgfältig mit Datum und Uhrzeit im eigenen Zwingerbuch eingetragen. Wenn ein Züchter seine Welpen täglich wiegt, kann er die ansteigende wöchentliche Gewichtszunahme leicht ermitteln sowie daran ablesen, ob die Jungen sich normal entwickeln und ausreichend ernährt werden. Das Geburtsgewicht des einzelnen Welpen hängt stark von der Anzahl des Gesamtwurfes ab, kann also sehr unterschiedlich sein. Bei sehr großen Würfen werden die Welpen im allgemeinen ein geringeres Geburtsgewicht aufweisen als bei einer kleinen Anzahl geborener Welpen. Auch wiegen Rüden bei der Geburt meist mehr als die kleineren Hündinnen. Werden die Kleinen von der Mutterhündin gut genährt, muß

sich das Geburtsgewicht nach der 1. Lebenswoche verdoppeln und in der 2. Lebenswoche sogar verdreifachen. Besonders in den ersten 3 Lebenswochen sind die Jungen sehr auf die fürsorgliche Hilfe ihrer Mutter angewiesen, da ihre Sinnesorgane bis auf den Geruchs- und Tastsinn noch nicht entwickelt sind. Der Lebensinhalt der kleinen Retrievernestlinge konzentriert sich völlig auf die mütterlichen Zitzen. Erst zur 2. Lebenswoche öffnen sich allmählich die Ohren, und der Welpe beginnt langsam verschiedene Geräusche zu unterscheiden. Die Augenlider öffnen sich erst gegen Ende der 2. Lebenswoche, und erst jetzt erblickt der kleine Welpe eigentlich das Licht der Welt. Aber es dauert noch bis zur 4. Lebenswoche, ehe sich alle Sinnesorgane verfeinert ausgebildet haben. Bis zu diesem Zeitpunkt waren die Welpen von der Körper- und Kontaktwärme ihrer Mutter abhängig.
Die ganze Lebensentwicklung des Welpen konzentrierte sich zu dieser Zeit auf die wenigen Beschäftigungen, das Schlafen und Saugen. Mit der 4. Lebenswoche ändert sich nun das Leben der Jungen grundsätzlich. Jetzt beginnt die *Prägungsphase*, eine Entwicklungszeit, in der der Welpe seine Umgebung wahrnimmt. Neugier und die Fähigkeit zu lernen bestimmen jetzt das Welpenleben. Die Wurfkiste ist nicht mehr seine Welt, es reizt ihn immer häufiger, sie zu verlassen. Er will alles kennenlernen und folgt seiner Mutter schon recht gut, obwohl sich das Fortbewegen in dieser Zeit erst richtig entwickelt. Ein erfahrener Züchter wird jetzt den Welpen ein Zusatzfutter reichen, da sich ihr Milchgebiß zu dieser Zeit rasch entwickelt. Auch für das Muttertier bringt die Entwöhnung der Welpen eine bedeutende Erleichterung. Man wird beobachten können, daß sich die Kleinen schon ziemlich interessiert zeigen für das Futter der Eltern.
Ernährt man die Jungen unabhängig von der Muttermilch, so muß weiterhin Milch die Nahrungsgrundlage darstellen.
Damit die Welpen sich auch kräftig und gesund entwickeln, müssen sie unbedingt von ihrem „Stubenhocker-Dasein" befreit werden. Erste Exkursionen ins Freie werden nötig, um sich in frischer Luft richtig austoben zu können, denn viel Bewegung fördert die körperliche Entwicklung der heranwachsenden Welpen. Zwischen der 6. und 8. Lebenswoche kann man die ersten kleinen Spaziergänge unternehmen, wobei gegen Ende der 8. Lebenswoche sogar die zaghafte Tuchfühlung mit dem Element Wasser vorsichtig aufgenommen werden kann.

Zwischen der 8. und 12. Lebenswoche tritt der Welpe in die *Sozialisierungsphase*. Die Aufgabe des Züchters liegt nun darin, die soziale Bindung an den Menschen aufzubauen, wenn die Welpen vorher überwiegend beim Elternpaar waren. Treten die Welpen dem Menschen ohne Scheu und Angst gegenüber, sind selbstbewußt und sicher, haben sie alles gelernt, um mit einem neuen Besitzer eine vertrauenswürdige Partnerschaft einzugehen.

Die Ausbildung

Um einen Retriever zur Ausbildung heranzuziehen, muß man ihn nicht nur gut kennen, sondern auch verstehen lernen. Es kommt also nicht nur darauf an, alle Übungen zu trainieren, sondern Sie müssen jetzt auch seine Empfindungen, Reaktionen und Verhaltensweisen verstehen, denn der auszubildene Hund versucht ja auch Ihr Verhalten zu begreifen, um sich Ihnen im Vertrauen unterzuordnen. Das eigentliche Geheimnis liegt also in einer partnerschaftlichen Beziehung zwischen Herr und Hund. Er paßt sich Ihnen an, und Sie dürfen nicht vergessen, daß Sie es mit einem sensiblen Hundewesen zu tun haben, das durchaus eigene, persönlichkeitsbezogene Charaktermerkmale zu erkennen gibt. In diesem Sinne muß man wirklich versuchen, unerwartete Handlungen zu ergründen, wenn er bei der einen oder anderen Übung nicht gehorcht, denn die Praxis hat bewiesen, wie wichtig es ist, sich in die Lage des Hundes zu versetzen.
Die Abrichtung für die Jagd beginnt gewöhnlich im Welpenalter von 6 Monaten und 1 Jahr, da bei einem ausgewachsenen Hund so manche Gewohnheit nicht mehr auszutreiben ist und die Ausbildung dadurch nur erschwert wird. Um einen wirklich leistungsstarken Retriever sein eigen nennen zu können, ist es ratsam, ihn selbst zu dressieren, auch wenn unendliche Geduld und viel Zeit zu opfern sind. Ernsthafte Jäger und Hundesportler würden die Dressur ihres eigenen Hundes nie Fremden überlassen, da der ausgebildete Hund in der Praxis auch auf die Art des Ausbilders eingestellt ist. Im Grunde genommen kann man davon ausgehen, daß

jeder, der seinen Hund liebt und versteht, auch eine Dressur durchführen kann, wenn er sich die dazu nötigen Techniken aneignet. Die Freude, mit dem Hund im Freien zu arbeiten, ist allerdings Voraussetzung. Ein Freund der Jagd muß man deshalb nicht unbedingt sein, es genügt der hundesportliche Ehrgeiz, seinem Retriever eine der Veranlagung entsprechende Arbeit angedeihen zu lassen. Bei allen Trainingsabläufen ist es wichtig, alle Befehle kurz zu erteilen und für die gleichen Übungen immer dieselben Wörter und Zeichen zu verwenden. Dehnen Sie die Übungen nicht zu lange aus, da die Konzentration beim jungen Hund nicht sehr lange anhält. Ermüdungserscheinungen oder sogar Unlust dürfen beim Training nie auftauchen. Muntern Sie den Hund zwischenzeitlich immer wieder auf, wird er immer freudig bereit sein, mit Ihnen zu arbeiten. Die verschiedenen Lektionen wechseln nur dann, wenn sich bei der letzten Übung Erfolge eingestellt haben. Ausgedehnte Belobigungen und kleine Leckereien sind dabei das A und O einer jeden Dressur, niemals aber Anschreien oder grober Tadel, der Hund würde es nicht verstehen.

Die sehr wichtige *Schußfestigkeit* des Retrievers kann schon im frühen Welpenalter getestet werden. Im allgemeinen sind die Retriever geräuschfest und lassen sich selbst durch den stärksten Knall kaum aus der Ruhe bringen, selbst dann nicht, wenn der Schuß aus unmittelbarer Nähe abgefeuert wurde. Zeigt sich doch eine leichte Scheu, besteht kein Grund zur Sorge. Bringen Sie noch im Welpenalter bei der täglichen Futtergabe eine aufgeblasene Papiertüte zum Platzen. Der Hund wird sich daran gewöhnen, da ihm das Futter wesentlich wichtiger ist als das laute Geräusch.

Ist man bereit, die Bemühungen einer Dressur auf sich zu nehmen, überprüfe man alle Gehorsamkeitsappelle einer normalen Erziehung, bevor man sich an die erste Dressurübung heranwagt, da ohne Gehorsam keine leistungsfähige Dressur zu erreichen ist.

Das Apportieren

Der Apportierinstinkt ist bei den Retrievern eine angeborene Veranlagung, die sich schon in einem sehr jungen Alter bemerkbar macht. Unsere Aufgabe liegt nur darin, sie frühzeitig zu erkennen

Abb. 22 (rechts). Golden Retriever-Hündin beim Apportieren.

und durch Erziehung und Ausbildung zu verfeinern, da das Aufnehmen und Bringen eines Gegenstandes zum Herrn vom Hund oft nur als ein Spiel aufgefaßt wird. Natürlich soll der junge Hund auch seinen Spieltrieb befriedigen, nur muß er lernen, daß bei der Arbeit mit seinem Herrn Aufmerksamkeit und Gehorsam verlangt werden. Bevor man also an eine Bringübung geht, gewöhne man den Hund erst an das Tragen eines belanglosen Gegenstandes im Fang, einen alten Lederhandschuh, einen Vollgummiball oder dann eine fanggerechte Holzhantel. Wir überlassen sie ihm für einen längeren Zeitraum bei Spaziergängen.
Die Begriffe „Sitz!" und auch „Aus!" hat er bereits gelernt, wenn sie hier angewandt werden. Das Hergeben aus dem Fang ist eine leichte Übung und sollte schon frühzeitig trainiert werden, damit der Retriever rasch begreift, Gegenstände aus dem Fang freizugeben, wenn dies sein Herr wünscht. Für diese Übung bringen wir den jungen Hund in die Sitzstellung und legen ihm z. B. eine kleine Holzhantel in den Fang. Wird der Gegenstand sicher im Fang getragen, rufen wir deutlich „Aus!", öffnen am Anfang der Übung noch selbst mit beiden Händen den Fang und lassen die Hantel freigeben. Mit viel Lob und Anerkennung wird der junge Hund bald verstehen lernen, welche Leistung man von ihm verlangt, bis er schließlich jeden Gegenstand selbständig hergibt, den sein Herr durch den Befehl „Aus!" von ihm verlangt. Der Begriff „Aus!" sollte daher auch nur für diese Handlung Verwendung finden. Werden diese kleinen Übungen vom Hund verstanden, geht man einen Schritt weiter. Jetzt hat er zu lernen, den Gegenstand von allein zu nehmen und wie zuvor erwähnt, korrekt herzugeben. Geht auch diese Übung gut voran, wirft man später z. B. eine Holzhantel, die in das Fell eines Hasen oder Kaninchens gewickelt ist, in eine geringe Entfernung. Durch den Befehl „Bring!" fordern wir den Hund auf, den Gegenstand herbeizuholen. Sitzt er dann davor und gibt ihn auf Befehl frei, ist der Hund auf dem besten Weg zu begreifen, was man von ihm verlangt. Später werfen wir die umwickelte Hantel weiter und vor allem in bedecktes Gelände. Nun wird sich erweisen, wie stark sich unser Hund konzentrieren kann, wenn er in die befohlene Richtung läuft, ohne den zu apportierenden Gegenstand sofort zu erblicken. Möchte man mit seinem Hund auch an die Wasserarbeit gehen, so gewöhnt man ihn schon im Welpenalter an dieses Element. Zeigt er sich mit dem Wasser vertraut und sind auch die Übungen an Land von ihm verstanden

worden, kann man an den Gewässern üben gehen. Es kommt hierbei aber darauf an, daß der Hund beim Bringen sich nicht schütteln darf, wenn er das Wasser verläßt. Seinen Griff jedoch darf er an Land verbessern. Der Hund soll sich setzen und auf die Anweisung „Aus!" den Apportiergegenstand freigeben, erst dann darf er sich schütteln und sich vom überflüssigen Wasser im Fell befreien.
Für die Wasserarbeit bastelt man sich eine kleine Schwimmkissenrolle, die so konstruiert sein muß, daß sie vom Hund gut im Fang getragen werden kann. Man verwendet Schaumstoff, verschließt ihn wasserdicht in Nylon und näht dieses etwa entengroße Gebilde in einen Leinenüberzug, und fertig ist das Wasserübungsgerät für unseren Retriever.
Bei allen Übungen lohnt es sich wirklich, frühzeitig damit zu beginnen, da einem erwachsenen Hund viele dann eingefleischte Gewohnheiten nur sehr schwer wieder abzugewöhnen sind.
Auch hier stehen für Interessenten die Retriever Klubs gern mit Rat und Tat zur Seite, wenn Sie Fragen oder Probleme haben.

Die Jagdgebrauchsverwendung

Englische Jagdliebhaber züchteten nach einer alten Tradition (für jede Jagdaufgabe eine andere Hunderasse) die Retrieverformen, die nur zum Apportieren verwendet wurden. Sie wurden bei der Jagd neben den Vorstehhunden zum Bringen des erlegten Wildes eingesetzt. Für die Jagd auf Wasservögel waren die Vorstehhunde wenig geeignete Jagdhelfer, und die Retriever wurden zu unentbehrlichen Jagdhunden. Das Erlernen, die Beute aus dem Wasser zu holen, ist für die Retriever keine Schwierigkeit, da ihnen die Freude an der Wasserarbeit im Blut liegt. Die starke und dichte Unterwolle macht es sogar möglich, sie bei sehr schlechten Witterungsverhältnissen im Wasser arbeiten zu lassen.
Sich auf ihren Führer zu konzentrieren und aufzupassen, wo auf den Schuß Wild fällt, dabei ruhig bei ihrem Führer zu bleiben, bis sie aufgefordert werden, es zu bringen oder angeschossenes Wild zu suchen, zeichnet die sehr zuverlässigen Retriever aus. Für diese Aufgaben sind sie in England geschaffen worden. Doch auf dem europäischen Kontinent und besonders in Deutschland erkannte man in den Retrievern noch wesentlich vielseitigere Eigenschaften,

die auch in die Prüfungsfächer des Retriever Klubs aufgenommen wurden.

Die Prüfungsordnung des Deutschen Retriever Clubs umfaßt verschiedene Prüfungen für Retriever, so z. B. die für *Begleithunde*. Der Zweck dieser Prüfung dient der Erziehung und Ausbildung des Hundes, daß er sich zu Hause und in der Öffentlichkeit nicht störend, belästigend oder gefährdend verhält, daß man sich mit ihm überall ohne Beanstandungen, ohne Angst und Bangen bewegen kann. Die Prüfungsordnung soll außerdem die Leichtführigkeit der Retriever herausstellen und die Schuß- und Geräuschgleichgültigkeit beweisen.

Eine andere ist die Ordnung der *Jagdgebrauchsprüfung* für Retriever (JGP/R). Der Zweck dieser Prüfung für Retriever ist die Feststellung der Brauchbarkeit für den Jagdbetrieb, insbesondere für die Arbeit nach dem Schuß. Sie beinhaltet folgende Fächer:

Gehorsamkeit: 1. Folgen frei Fuß – 2. Leinenführigkeit – 3. Ablegen; frei, bei einem Gegenstand, angeleint – 4. Verhalten auf dem Stande – 5. Schußfestigkeit – 6. Nasenveranlagung – 7. Zusammenarbeit mit dem Führer.

Waldarbeit: 1. Haarwildschleppe auf 300 m (Kaninchen oder Hase) – 2. Bringen von Haarwild – 3. Verlorensuche von Haarwild.

Feldarbeit: 1. Suchen unter der Flinte – 2. Benehmen von eräugtem Wild – 3. Federwildschleppe auf 200 m – 4. Bringen von Federwild – 5. Verlorensuche von Federwild.

Wasserarbeit: 1. Stöbern im Wasser und Schilf – 2. Stöbern im Wasser und Schilf mit Ente – 3. Bringen aus tiefem Wasser.

Legt der Hund das Wild am Ufer ab, um sich zu schütteln und dann erst zu bringen, ist dies ein Fehler. Verbessert er an Land aber nur seinen Griff, ohne sich zu schütteln, so ist dies kein Fehler. Der Hund soll sich dann setzen und erst auf das Kommando „Aus!" das Wild an seinen Führer abgeben.

Sonderprüfung: Diese Prüfung ist kein Pflichtfach und gilt als besondere Leistung. Sie umfaßt die Riemenarbeit auf der Schweißfährte, 400 m zum toten Stück. Die Schweißfährten sind möglichst mit frischem Wildschweiß (ersatzweise auch Rinder- oder Hammelblut) zu bespritzen oder zu betupfen. Die Schweißmenge sollte ca. 0,3 Liter betragen auf einer Fährte von 400 m, unter Einlegen von 2 Haken. Das Alter der Schweißfährte (Blutspur) soll mindestens 2 und höchstens 5 Stunden sein. Die Nachsuche hat am langen Riemen zu erfolgen. Der Hund kann zweimal zurückgenommen

Abb. 23. Ein zum Rettungshund ausgebildeter Flat-coated Retriever. Seine Prüfungsplakette trägt er am Halsband.

werden. Ist der Hund von der Fährte abgekommen und berichtigt sich selbst, so gilt dies nicht als „Zurücknehmen“ und darf nicht als Fehler gewertet werden. Er muß zum toten Stück kommen.

Eine andere Jagdgebrauchsordnung für Retriever ist die Spezial- oder *Dr.-Heraeus-Prüfung*. Sie gilt für ausgezeichnete bzw. fortgeschrittene Retriever und hat ihre Gültigkeit seit dem 1.8.1970. Zugelassen zu dieser Prüfung sind alle Hunde, die nicht jünger als 18 Monate sind. Zu den Prüfungsaufgaben gehören:

Waldarbeit: Schleppe und Haarwild über 800 m mit 3 Haken. Das Schleppenwild sollte dabei möglichst frisch sein. Stark schweißendes oder unansehnliches Wild kann der Führer ablehnen. Die Ansuche kann auf den ersten 40 m am Riemen erfolgen, spätestens dann muß der Hund unangeleint und auf Bringbefehl die Schleppe aufnehmen. Bei der Arbeit ist zu beurteilen, ob der Hund die Schleppe freudig aufnimmt und in nasenmäßiger Verbindung mit ihr arbeitet. Ein besonderes Augenmerk ist darauf zu richten, ob der Hund findet und bringen will. Die geleistete Schnelligkeit wird zwar bewertet, ist aber nicht ausschlaggebend. Hier kommt es auf die Veranlagung des einzelnen Retrievers an und auf sein Temperament. Dies zu beurteilen ist die Sache eines erfahrenen Retrieverrichters.

Feldarbeit: 1. Eine etwa 600 m lange Schleppe wird mit einem Stück Federwild (Fasan, Huhn, Taube, Ente) unter Einlegen von 3 stumpfwinkeligen Haken im Feld ausgelegt. Ansonsten ähnlich der Waldarbeitsprüfung – 2. Freie Suche nach 2 verschiedenen Wildarten. In einem 100 m breiten und 200 m langen Feldstück werden dabei von Richtern ein Stück Federwild und Haarwild ausgelegt. Das Wild soll frei und ohne Schleppspur ausgelegt werden. Etwa 5 Minuten nach dem Auslegen des Wildes wird dem Führer des Hundes der Auftrag gegeben, das Wild von seinem Hund in freier Suche auffinden und bringen zu lassen.

Beurteilt wird der Finder- und Bringwille des Retrievers, die Art, wie er findet, unter Ausnutzung des Windes, das Reagieren auf Kommando oder Zeichen und die Schnelligkeit des Findens, wenn der Hund Wittrung vom ausgelegten Stück Wild bekommen hat.

Wasserarbeit: Jenseits eines Gewässerstreifens (Seearm, Teich oder gering fließender Fluß, in keinen stark strömenden Gewässern), wird direkt an der Grenze Wasser – Land ein Anschuß mit frisch gerupften Entenfedern markiert und mit der Ente, ohne Einlegen von Haken, eine 40 m lange Schleppe am jenseitigen Ufer ausgelegt. Das jenseitige Ufer muß der Hund schwimmend erreichen, nicht watend oder um einen Teich herumlaufend. Die betreffende Gewässerstrecke muß mindestens 10 – 20 m betragen und im Höchstfall 40 m. Das Ufer muß dem Hund einen Ausstieg bieten. Bei der Beurteilung soll der Retriever auf Kommando oder Zeichen das Wasser annehmen oder überqueren, nach Auffinden des Anschusses unverzüglich die Schleppe aufnehmen und bringen.

Bringleistung: Als Bringen ist die Art des Aufnehmens, Tragens und Abgebens von Wild zu beurteilen. Ein korrektes Aufnehmen und Tragen zeigt ein Hund dadurch, daß er seinen Griff nach Art und Schwere des Wildes einrichtet. Eine Verbesserung des Griffs durch Niederlegen des Wildes und besseres Zufassen gilt nicht als fehlerhaft. Auf nur einen Befehl oder ein Zeichen hat sich der Hund zu setzen und das Wild auf Kommando „Aus!“ abzugeben.

Nasenveranlagung: Die Beurteilung der Nasenleistung des Retrie-

vers ist nach anderen Maßstäben als beim Vorstehhund vorzunehmen. Es wird bei ihm keine schnelle und raumgreifende Suche erwartet, dafür aber mehr Eigenständigkeit, sorgfältigere Suche unter Ausnutzung des Windes und des Geländes und unbedingter Finderwille in Verbindung mit seiner Nasenarbeit.
Zwei weitere Leistungsprüfungen für Retriever sind die *Bringtreue-* und *Verlorenbringprüfung*, die auch als Ergänzungsprüfungen abgehalten werden können.
Alle bestandenen Prüfungsleistungen werden dann in das Jagdgebrauchshundestammbuch des Jagdgebrauchshund-Verbandes eingetragen. Der Titel „Internationaler Champion der Arbeit" (CACIT) kann bei einer vom Deutschen Retriever Club abgehaltenen internationalen Jagdgebrauchsprüfung für Retriever erlangt werden.

Die Ausstellung

Irgendwann erwacht in Ihnen vielleicht der Wunsch, den eigenen Hund auf einer Ausstellung zu präsentieren, weil er insgeheim der liebste und für Sie doch der schönste ist. Man muß also nicht unbedingt Züchter sein, um seinen Hund auf Ausstellungen zu zeigen, obwohl der eigentliche Sinn und Zweck einer Rassehundeschau in erster Linie die Ermittlung zuchtfähiger Hunde darstellt. Jeder Retrieverbesitzer kann mit gültigen Ahnentafeln die jeweiligen Ausstellungen des „Rassehunde-Zuchtverbandes Deutschland" (RDV) und des „Verbandes für das Deutsche Hundewesen" (VDH) besuchen, ohne dabei züchterische Ziele vor Augen zu haben. Erfahrene Spezialrichter für Retriever beurteilen auf einer Rassehundezuchtschau niemals nur die Schönheit eines Hundes, sondern sämtliche rassetypischen Merkmale, die der internationale Standard an den jeweiligen Retrieverschlag stellt. Obwohl auch ein Richter ein persönliches Schönheitsempfinden besitzt, wird er nicht nach seinem Geschmack urteilen, sondern objektiv die festgelegten Richtlinien des Standards verwenden, um den schönsten Hund der Rasse und entsprechenden Altersklasse zu ermitteln.

Für Züchter von Retrievern sind Ausstellungen nur für die Schönheitszucht interessant, während andere Züchter die Leistungen der einzelnen Prüfungen höher bewerten. Die Geschlechter werden getrennt gerichtet, so daß jede Rasse 2 Sieger auf einer Ausstellung stellen kann. Doch niemals sollte der Sieger der „Hundehalter" sein, denn für die persönliche Eitelkeit sind diese Ausstellungen nicht gedacht. Von jedem Teilnehmer wird ein sportliches und faires Verhalten erwartet, wenn er seine Beurteilung für den Hund vom Richter ausgehändigt bekommt. Schließlich ist alles nur ein Wettbewerb, und wo es 1. Plätze gibt, muß es auch andere Plazierungen geben. Auch wenn Ihr Hund in der Offenen Bewertungsklasse keine Anwartschaften macht (Vorzüglich I–IV), so seien Sie stolz auf Ihren Hund, wenn er ein „Vorzüglich" oder „Sehr gut" (Sg) als Bewertung vom Richter erhalten hat. Auch wenn Sie züchten möchten, fragt Sie später niemand nach den Plazierungen, sondern nur nach den Bewertungsnoten, die Ihr Hund errungen hat. Die für eine Zucht wichtigen Bewertungsnoten „Vorzüglich" und „Sehr gut" werden von Richtern nur vergeben, wenn der Hund den vollen Ansprüchen des Standards entspricht, wobei die Bewertung „Vorzüglich" die höchste züchterische Vollendung darstellt. Die mittlere Bewertungsnote „Gut" (G) wird vergeben, wenn kleine fehlerhafte Standardmerkmale bestehen, und der Hund dennoch den Rassetyp verkörpert.
Beabsichtigt man, seinen Hund nun auf einer Ausstellung vorzuführen, sollte man keineswegs unvorbereitet daran teilnehmen, wenn der Hund korrekt bewertet werden soll. Da neben der Standardbeurteilung auch die allgemeine Gesamterscheinung gerichtet wird, muß der Hund sich in einem ausgezeichneten, gepflegten Zustand befinden, wobei die Zähne und das Fell hier ausschlaggebend sind. Auch ein gutes Verhalten und Benehmen im Ring ist für die Zeit des Richtens von großer Wichtigkeit. Der Hund muß sich vom Richter betasten lassen und sich dabei ruhig verhalten. Er darf sich nicht stur stellen, wenn Gebiß und Hoden kontrolliert werden. Beim Laufen im Ring muß der Retriever seine harmonischen und ruhigen Bewegungsabläufe zeigen können, ohne die ein Richter keine vollständige Beurteilung abgeben kann. Üben Sie also recht-

Abb. 24 (rechts). Golden Retriever „Caliban Derrybeg". Weltsieger 1979, Bern.

HWA Bern 1979
HWA Bern 1979

zeitig mit Ihrem Hund das Zähnezeigen (Prämolaren und Schere) und das ruhige Neben-Ihnen-Herlaufen.
Achten Sie bei jeder Ausstellungsreise auf die Tollwutschutzbestimmungen, denn ohne Tollwutschutznachweis darf der Hund das Ausstellungsgelände nicht betreten.

Nützliche Adressen

Informationen über alle Retrieverschläge und Beratungen in Sachen Zucht, Ausstellung und Ausbildung geben Ihnen gerne die Retriever Klubs und ihre Zuchtverbände, denen sie angeschlossen sind:

Verband für das Deutsche Hundewesen e. V. (VDH), Mallinckrodtstraße 26, 4600 Dortmund 1.

Deutscher Retriever Club e. V. (DRC), im VDH angeschlossen, Im Brentenhau 26, 7251 Warmbronn, Telefon (07152) 47771.

Rassehunde-Zuchtverband Deutschland e. V. (RVD), Wellritzstraße 7, 6200 Wiesbaden 1.

Centraler Retriever Club e. V. (CRC), im RVD angeschlossen, Kelterstraße 39, 2000 Hamburg 65, Telefon (040) 5363502.

Zeitschriften

Unser Rassehund, Dortmund, Verband für das Deutsche Hundewesen e. V.

Unsere Hunde – unsere Freunde, Wiesbaden, Rassehunde-Zuchtverband Deutschland e. V.

Sachregister

Die Kosmos-Hundebibliothek
informiert nicht nur über Charakter und Eignung der Hunde, sondern auch über ihre Haltung und Ernährung, die Fellpflege und die Ausbildung, über Hundekrankheiten und ihre Behandlung ebenso wie über Welpenaufzucht. Bis jetzt sind folgende Bände erschienen: Kleine Terrier – Große Terrier – Setter und Pointer – Die Jagdhunde – Ausbildung und Haltung des Jagdhundes – Der Yorkshireterrier – Der Dackel – Schnauzer und Pinscher – Die Deutsche Dogge – Der Collie und andere Britische Hütehunde – Der Boxer – Der Chow-Chow – Tibetische Hunde – Der Leonberger Hund – Der Deutsche Schäferhund – Der Bernhardiner – Kleinhunde – Welpenaufzucht – Setter und Pointer – Neufundländer und Landseer – Der Airedale-Terrier – Ungarische Hirtenhunde – Windhunde – Der Cockerspaniel – Erfahrungen mit Cockern – Erfahrungen mit Settern.

Eines haben alle Hunde gemeinsam: Sie brauchen ein ruhiges Plätzchen, richtiges Futter, viel Pflege und eine feste Hand, die sie erzieht und ausbildet. Überlegungen vor dem Kauf, die Auswahl des Hundes, Versicherungen und Steuer, Futterwahl und Krankheitsvorsorge – das alles sind Themen, die einem Anfänger in Sachen »Hundehaltung« gar nicht so vertraut sind.
Wenn Sie dieses Buch gelesen haben, werden Sie eine Menge über Hunde dazugelernt haben.

81 Seiten, 5 Farbfotos, 7 Zeichnungen.

Auch der bestgehaltene Hund kann krank werden. Es ist deshalb wichtig, daß jeder Hundehalter seinen Hund genau beobachtet und auftretende Veränderungen sorgsam registriert. Häufig ist der Tierarzt auf den Krankheitsbericht des Halters angewiesen, um rascher helfen zu können. Eine genaue Beschreibung der Körperfunktionen und krankhaften Veränderungen oder Symptome erleichtern dem Hundehalter das Verstehen.
Doch auch erste Hilfe, Hausapotheke, Gefahren auf Reisen und die Zusammenhänge zwischen Ernährung und Gesundheit sind berücksichtigt.
144 Seiten, 23 Farbfotos, 9 Zeichnungen.

Sie erhalten die Bücher in Ihrer Buch(Fach)handlung.

Die ausführliche Informationsschrift 970 490 erhalten Sie kostenlos. Bitte anfordern.
Kosmos-Verlag, Postfach 640, 7000 Stuttgart 1